Dr. Dietrich Volkmer

Mars im Spiegel
Mythologisch biß-liche
Betrachtungen

Energetik-Verlag GmbH · Bruchsal

Dietrich Volkmer

Mars im Spiegel

Mythologisch biß-liche Betrachtungen

EDITION ENERGETIK

Umschlag: Siegfried Janusch
Gestaltung und Satz: Grafik + Media, Kelkheim/Taunus
Lithografie: Reprostudio Janke + Gesser, Frankfurt
Druck und Verarbeitung: Freiburger Graphische Betriebe

Printed in Germany
ISBN 3-925806-22-9

INHALT

Delphische Vorhut

Welch ein erhabenes Gefühl, am Nabel der antiken Welt zu sitzen und die ersten Zeilen dieses Buches (seit drei Jahren trage ich die Idee in mir!) zu Papier zu bringen. Weit gleitet der Blick in der morgendlichen Frische bis hinab in die noch leicht dunstige Ebene mit dem Hafenstädtchen Itea und dem dahinterliegenden dunklen Golf von Korinth. Diesen Weg hinauf nach Delphi zogen dereinst die Ratsuchenden, die zu Schiff aus der damals bekannten Welt gekommen waren, um das Orakel des Apollon zu befragen.

Das heilige Wasser der Kastalia-Quelle rauscht noch immer wie vor mehr als zweitausend Jahren. Pythia, Priester und Pilger reinigten und erfrischten sich hier vor der Zeremonie der Befragung. Man sagt dem erquickenden Naß ein Beflügeln der schöpferischen Phantasie des Menschen nach. Kann man es einem durch die konventionellen Erziehungsinstanzen geschleusten Mitteleuropäer verdenken, daß er sich in einem Winkel seines Herzens einen Rest von jenem Glauben bewahrt hat und dieses kristallklare Wasser in vollen Zügen genießt?

So möge denn Apollon mit der Vielfalt seiner Möglichkeiten schützend seine Hand über diesen bescheidenen Versuch halten, die durch ein Übermaß an Form und Funktion zugeschütteten Inhalte in Bildern und mythologischen Verknüpfungen wieder ans Licht zu bringen.

Delphi, 2. August 1988

Spiegelungen

___

Der Sinn dieses Buches ist nicht, archäologische Neugier zu befriedigen, um im Staub der Ausgrabungen alter Kulturen, die sich im Dunkel vorgeschichtlicher Zeit verlieren, Zeichen und Hinweise auf eine ausgeübte Zahnheilkunde zu finden. Weder Statuen, Figuren noch Papyros-Rollen oder Tontäfelchen, Hieroglyphen oder Keilschriften als Quellen realer Bezüge könnten mich auf den Gedanken bringen, ihnen mein Interesse zu widmen. Vielmehr geht es mir um die Inhalte, die sich im Sichtbaren spiegeln, um die gleichnishafte Erfassung organischer Strukturen. So besehen, kann man diese Schrift durchaus als Fortsetzung meines Buches „Jenseits der Molaren - Zahnmedizin oder Zahnheilkunde" ansehen. Eine Orientierung des Themas an den mehr oder weniger zweiunddreißig Zähnen bietet sich geradezu an, da fast jeder, sei es aktiv oder passiv, Erfahrungen dazu beisteuern und somit meine Ausführungen mit seinem subjektiven Erleben erfüllen kann.

Selbstverständlich böten andere Körperorgane eine ähnliche Möglichkeit - die Nachvollziehbarkeit ist aber wesentlich geringer, da sie entweder den Blicken verborgen sind und damit die wichtige visuelle Beziehung fehlt, oder aber die zeitlich-konsekutive Erlebnisauffächerung nicht gegeben ist.

Sofern Sie Kinder haben: Denken Sie einmal an das Erstzahnungs-Abenteuer Ihres ersten Kindes zurück. Haben Sie nicht mitgefühlt und mitgelitten, wenn die Kleinen lustig entstellt - beruhigend für Sie: nur eine Übergangsphase - den Frontzahnwechsel durchmachten?

Oder können Sie sich noch an den quälenden Durchbruch und letztendlich Verlust eines Ihrer unteren Weisheitszähne erinnern? Im Verlauf dieser Abhandlung wollen wir derartige Ereignisse einem Deutungsversuch unterziehen, wir wollen ihre Bedeutung finden. Die sich darstellenden Urprinzipien sollen inhaltlich geklärt werden, damit ihre Be - deutung für den Einzelnen klar wird. Mit diesen Sätzen eile ich ein wenig den späteren Kapiteln voraus, sie sollen

Ihnen nur vergrößerungsglasartig herausgegriffene Ereignis-Eckpunkte aus unserer geplanten Tour d'horizon aufzeigen.

Um einen Einblick in die Entwicklung der Symbolketten zu gewinnen, gehen wir zurück nach Delphi:

Fast tausend Jahre erhielten die Suchenden symbolische Antworten auf Ihre Fragen, bis im Jahre 394 n. Chr. Kaiser Theodosius durch einen Erlaß alle heidnische Kulte untersagte. Hier beginnt das Zeitalter einer der intolerantesten Religionen der Neuzeit, nämlich das des Christentums. Unter dem Zeichen des Kreuzes wurde jahrhundertelang geplündert, gemordet, vergewaltigt, gebrandschatzt und erobert. Ganze Völker und Kulturen wurden ausgerottet, Millionen von Hexen und Ketzern wurden teilweise bestialisch umgebracht. Missionare brachen auf, um die „Unzivilisierten" aus ihrer heilen Welt zu stoßen und ihnen die Segnungen eines ihnen so fernen und unverständlichen Gottes nahezubringen. Die Gleichnisse der Bergpredigt Jesu Christi schienen in einer Religion keinen Widerhall gefunden zu haben, die doch immerhin seinen Namen trägt.

Der modern aufgeklärte Mensch der Neuzeit wird natürlich mit einem überheblichen Lächeln auf die Naivität der Altvorderen herabblicken, seinen Glückspfennig dreimal in der Geldbörse umdrehen und mit einem toi-toi-toi dreimal auf Holz klopfend seinen Lottoschein am Freitagabend an einem Kiosk abgeben.

Die Menschen jener Zeit, selbst Kaiser und Könige zählten dazu, suchten für ihre Pläne den Rat der Götter, denen sie die Ein-sicht in die auf Erden und am Himmel sich abspielenden Ereignisse zuschrieben. Um diese Schicksals-Lenker günstig zu beeinflussen, opferte man ihnen. Wie diese Form des Opfers sich im Lauf der Zeit verzerrt hat, wird uns später noch beschäftigen. Gehen wir aus der hellenischen Zeit weiter zurück. Die ersten Stadtstaaten bildeten sich: Am Morgenhimmel der bekannten Menschheitsgeschichte erschienen die Siedlungen Mohendscho Daro und Harappa im Industal, sowie im fruchtbaren Halbmond des vorderen Orients die sumerischen Stadtstaaten Ur und Uruk. Die tägliche Sorge ums Überleben mit seiner geografischen Rastlosigkeit hatte sich in eine relative Seßhaftigkeit, verbunden mit einer entsprechenden Sicherheit, transmutiert. Der Mensch fand die Zeit zum Spielen. Immer wenn der Homo ludens die Arena der Evolution betrat, entwickelte sich etwas, das wir heute als Kultur bezeichnen.

Bei genauem Hinsehen entdecken wir in dem Wort Kultur das Wörtchen Kult. Kultur und Kult (aus dem lateinischen cultura und cultus abgeleitet) scheinen einander zu bedingen. Kunst in Form von Dichtung, Malerei und Plastik ist immer mit religiösen Inhalten behaftet. Der Mensch spürt in seinem tiefen Inneren seine Machtlosigkeit, sein Ausgeliefertsein gegenüber einer höheren Instanz. Um diese Vielfalt der nicht erklärbaren Instanzen, um diese Gottheiten mit Hilfe seiner unvollkommenen Möglichkeiten darzustellen, bildet er sie ab oder formt sie aus Ton oder Stein. Nicht die Kunst um der Kunst willen, sondern immer verknüpft mit der Idee der Epiphanie, der Anwesenheit des Abbildes soll die Gottheit in die Nähe des Bittenden bringen.

An dieser Stelle sei die schüchterne Frage erlaubt, ob das, was wir so gern als unsere Kultur bezeichnen, diesem Sinngehalt überhaupt entspricht. Blicken Sie sich einmal in unseren Galerien und Museen um. Verbitterung könnte einen überfallen, wenn man bedenkt, wie für Schmalz und Schutt die schwer verdienten Steuergelder deutscher Staatsbürger von Kulturderzerneten, die an ihrem eigenen Ego basteln, verschleudert werden.

Durcheilen wir wieder die Jahrtausende zurück ins Zweistromland. In dem klaren, noch nicht smogverseuchten Nachthimmel verfolgten die Menschen geduldig den Lauf der Gestirne. Hektik in unserem Sinne war noch unbekannt und das Sprichwort „Zeit ist Geld" ist eine Erfindung des Industrie-Zeitalters. Generationen von Sternsehern beobachteten die Bewegungen und zeichneten sie auf. Neben den großen Lichtern Sonne und Mond erkannten sie bald einige Sterne, die sich relativ schnell vor der grandiosen Kulisse des gestirnten Alls bewegten. Keineswegs waren diese Menschen Astronomen in unserem heutigen Sinne. Die Mythologie spielte noch eine große Rolle. So ging die Sonne nicht einfach unter, sondern der Gott des lebensspendenden Lichtes wurde jeden Tag von einem großen Abgrund oder einem dunklen Tier verschlungen, um am nächsten Tag aufs Neue geboren zu werden.

Wurden die Tage kürzer und die Nächte länger - heute würden wir sagen: Neigte sich das Jahr dem Ende zu - so beschlich sie Furcht, das Licht könnte auf immer verschwinden. Irgendwann erkannte man den großartigen Rhythmus der Schöpfung; Tag und Nacht, Sommer und Winter, Geborenwerden und Sterben. So begann man die Tage kultisch hervorzuheben, an denen die Sonne wieder zurückkehrte. Dieses uralte Ritual gilt als Vorläufer unseres christlichen Weihnachtsfestes. Man sagt, daß in den alten Kulturen des Vorderen Orients bereits Sonne- und Mondfinsternis vorausberechnet werden konnten. Eine solche Leistung kann man gar nicht genug würdigen, denn man ging vom geozentrischen Weltbild aus. Einem Weltbild übrigens, dessen sich die heutige Astrologie noch immer bedient.

Wie könnte sie auch anders, denn die Erde ist nun einmal für jeden Menschen der Mittelpunkt der Welt; nicht die Sonne, nicht das Zentrum der Milchstraße, nicht irgendein hypothetischer Punkt im All, von dem aus die Milchstraßen nach allen Seiten auseinanderfliehen. Philosophisch-weise müßte man sogar von einer anthropozentrischen Welt sprechen, denn jeder Mensch ist der Mittelpunkt seiner Welt.

Hat sich in unserem Herzen dieses geozentrische Weltbild nicht bis heute erhalten? Nicht nur im Anblick der antiken Tempel von Kap Sounion und Paestum geht die Sonne hinter den Bergen oder im Meer unter, nein, auch bei Ihnen, verehrte(r) Leser(in) zu Hause, versinkt noch immer die Sonne am Horizont - obwohl sie es, einmal streng naturwissenschaftlich gesehen, garnicht dürfte. Sollten Sie das große Glück besitzen und im Zeitalter der E-Mann-zipation noch eine Angebetete haben, die den Zugang zur Romantik noch nicht gänzlich verloren hat, so erklären Sie ihr ruhig das stimmungsvolle Geschehen am westlichen Abendhimmel mit einem Emporstreben des Horizonts über die Ebene der Ekliptik. Wundern Sie sich aber nicht, wenn sie Ihnen dann ob solcher wissenschaftlich kühlen Betrachtungsversuche auch die kalte Schulter zeigt!

Beeindruckt von der majestätischen Würde der Himmelslichter gab die menschliche Intuition ihnen Namen. Bestimmte Stellungen der Planeten konnten die Weisen des Morgenlandes mit Ereignissen in ihrer Umwelt, die symbolträchtige Botschaften waren, verknüpfen. So brachte man die Gestirne in Verbindung

11

mit Göttern. Der berühmte Philosoph Thales von Milet (ca. 600 v. Chr.) formulierte es trefflich: Alles ist voll von Göttern. Die Überlieferung und die Archäologie zeigen uns ein großes Pantheon, um ein griechisches Wort zu gebrauchen, voller sumerischer, babylonischer und ägyptischer Götter. Sie sind uns aber ein wenig dunkel, unheimlich und fremd geblieben. Kein Schüler muß und kann das Gilgamesch-Epos, eine Art sumerische Odyssee, im Urtext lesen.

So bleibt es den griechischen Göttern vorbehalten, ihre Schatten, die sie zweifelsohne hatten, bis in die heutige Zeit zu werfen. Die beiden großartigsten Dichtungen der Antike, Homers „Ilias" und „Odyssee" und ferner Hesiods „Theogonie" haben uns die Bewohner des Olymps so menschlich nahegebracht. Hesiods Werk schildert uns das Werden der Götter - welch ein Unterschied zur mosaischen Genesis des Alten Testamentes!

Und was dereinst gewiß nicht mehr war, als eines der vielen kriegerischen Intermezzi der Stadtstaaten (vielleicht wurde tatsächlich eine schöne Frau dabei geraubt) im Jahre 1200, wurde durch das Epos Homers zum Ereignis, von dessen Donner der gesamte Erdkreis widerhallte, und das Götter und Menschen gleichermaßen in seinen Bann zog. Wie menschlich waren doch die Unsterblichen des Olymp! Ihre Menschlichkeiten oder ihre Göttlichkeiten, oder wie immer man es bezeichnen mag, werden uns in den jeweiligen Kapiteln ausführlich beschäftigen, denn wenn man das dahinterstehende Prinzip verstehen will, muß man sie näher kennen lernen.

Sie blieben uns bis heute in den Namen der Planeten erhalten: Hermes oder lateinisch Mercurius, Aphrodite oder Venus, Ares oder Mars, Zeus oder Jupiter, Kronos oder Saturn. Hinzu kommen die beiden großen Lichtspender Helios oder Sol und Selene oder Luna. Damit war das antike Szenarium der Wandelsterne erschöpft. Uranos (Uranus), Poseidon (Neptun) und Hades (Pluto) sind erst im Zeitalter der Naturwissenschaften entdeckt worden und erhielten (hoffentlich die richtigen) mythologischen Namen. Die übrigen Olympier Hera, Athene, Apollo, Artemis, Demeter, Hestia und Haphaistos sind bislang bei der großplanetaren Namensgebung leer ausgegangen.

Dem im christlichen Glauben erzogenen Kirchengänger unserer Zeit ist dieser vielbevölkerter Götterhimmel nicht ganz geheuer, weil sich - in seiner Ansicht - eine unüberbrückbare Diskrepanz zu unserem Monotheismus auftut.

Dem ist aber nicht so. Hinter der Vielfalt der griechischen Olympier war etwas Umfassenderes, Größeres, Unbeschreiblicheres verborgen, das Numinose, das wir Gott nennen.

Zeus und seine Götterschar sind somit nichts weiter als die personifizierte Verkörperung bestimmter Urmuster, bestimmter Urideen, die hinter der sichtbaren Realität stehen, die immaterieller Natur sind und die sich gleichnishaft in dieser Welt der Erscheinungen darstellen. Der Mensch in seiner relativ beschränkten Vorstellungs- und Ausdrucksweise bedient sich der Symbole, um annähernd diesen verbogenen Urmustern gerecht zu werden. In der neueren psychologischen Literatur erscheint häufig anstelle des Begriffes Urmuster der von C. G. Jung geprägte Ausdruck Archetypus. Diese Grundbausteine oder Archetypen sind die prägenden, formenden, steuernden, alles durchsetzenden ideellen Grundeinheiten. Wie die chemischen Elemente in ihrer unübersehbaren Möglichkeit der Zusammensetzungen die materielle Welt ausformen, so komponieren die Urideen die physische, psychische und mentale Welt in ihrer grandiosen Mannigfaltigkeit.

Das eben angedeutete periodische System der chemischen Elemente ist einer der verständlichen Versuche des homo sapiens in ein bis dato nur schwer entwirrbares Durcheinander Ordnung zu bringen, um sich sicherer zu fühlen. So ist die gesamte Welt der Erscheinungen in Ebenen eingeteilt (wir nennen es das horizontale Denkschema), die irgendwelche Gruppierungen enthalten. Lassen Sie mich wahllos einige aufzählen: Insekten, Säugetiere, Pflanzen, Bäume, Gräser, Landschaften, Metalle etc.etc. Diese Auflistung ließe sich seitenweise fortsetzen. In jeder dieser Gruppierungen hat nun jedes dieser Urprinzipien einen oder mehrere Repräsentanten, die sich wie eine an ihrem oberen Ende angefaßte Kette durch diese eben erwähnten Ebenen hindurchziehen.

Greifen wir des Verständnisses halber wieder vor: Das Urprinzip Mars drückt etwas Feuriges, Aggressives, Heißes, Kriegerisches aus.

Suchen wir nun auf den verschiedenen (horizontalen) Ebenen nach einem Repräsentanten, so ist die stechende Wespe auf der Ebene der Insekten dem Urprinzip Mars zugeordnet, bei den Säugetieren käme ein bissiger Hund in Frage, bei den Pflanzen wäre es die Brennessel, bei den Landschaften beispielsweise der feuerspeiende Vulkan Ätna und bei den Metallen ist es das Eisen, aus dem die kriegerischen Waffen geschmiedet werden. Im menschlichen Körper ist die Gallenblase ein „marsisches" Organ.

Der Mensch scheut das Denken in diesen senkrechten Analogie-Zuordnungen, da es ihm unwissenschaftlich erscheint. Lächerlich, wird er sagen, was hat dieser rote Planet da oben, der sich gerade eben bis zu fünfzig Millionen Kilometer an die Erde herantraut, mit meiner Gallenblase zu tun? Unser anzusteuerndes Thema ist die Verbindung zwischen Zähnen und Archetypen. So soll ein Beispiel aus dieser - anderen - Betrachtungsweise einige Farbtupfer im voraus liefern. Nehmen wir einmal an, es gäbe einen Zahn, der inhaltsmäßig der Göttin Aphrodite (Venus) zugeordnet ist. Und dieser Zahn (wobei Zahn das gesamte Gebilde Zahn einschließlich Zahnfleisch, Wurzel, Kieferknochen umfaßt), würde nun beim Zähneputzen bluten. Im Sinne der eben geschilderten Zuordnung könnten wir von einer blutenden Venus sprechen. Die wissenschaftliche Zahnmedizin nennt es trivial eine Gingivitis oder Parodontitis superfacialis.

Welch eine banale Verkennung der so feingefügten Zusammenhänge eines lebendigen Organismus! Jeder der uralten Archetypen hat sich eines oder mehrerer Teile des Organ.5ismus angenommen und erwartet vom Besitzer eine Würdigung seiner Anwesenheit.

Die Alten kannten noch den Begriff des Opfers. Man mußte etwas persönlich Wertvolles diesem Urprinzip, oder nennen wir es besser gleich Gottheit, weihen, um sie zu besänftigen. Diese Gottheit fühlte sich verletzt, nicht genügend gewürdigt, übersehen - und nun verlangte sie Beachtung. Da der Mensch diesen Forderungen auf der emotionalen und mentalen Ebene gegenüber taub ist, braut sich das Unheil auf der deutlichsten, der untersten Ebene im Körper zusammen - es blutet oder es schmerzt. Wer nicht hören will, muß leiden.

Da dem sinnentleerten Opferbillet der heutigen Zeit, dem Krankenschein, die Rubrik „Inhaltliche Zuordnung" fehlt, und ebenso die private Gebührenordnung sich durch Enthaltsamkeit auszeichnet, bleibt die Behandlung in den üblichen Denkklischees stecken: Salbe oder Messer!

Die folgenden Kapitel bringen eine Zuordnung, die neu und rein subjektiver Natur ist. Ich konnte diese Zuordnung bei meinen Patienten intuitiv vornehmen und mit meinen Mitteln überprüfen. Jeder Vorstoß ins Neuland bringt jedoch die Möglichkeit mit sich, sich zu irren. Diese möglichen Irrtümer sind demzufolge nicht mathematisch-logisch, sondern inhaltlich intuitiver Natur. Vorausgeschickt werden sollen immer die astronomischen Daten und Fakten, dann werden wir uns das Bild der Gottheit etwas näher betrachten und versuchen, die antiken Marmorstatuen in ihren Sagen und Mythen zu reanimieren. Es folgen die inhaltlichen Beziehungen zu den jeweiligen Zähnen, die homöopathische Zuordnung und gegebenenfalls noch behandlungsmäßige Hinweise und Erfahrungen aus der Praxis. Sollte es mir gelingen, Ihren Blick für den dental-mythologischen Spiegel zu öffnen, in den Sie tagtäglich berufsbedingt oder privat-offen hineinschauen, so hat dieses Buch seinen Sinn erfüllt.

Sämtliche Symbole, die uns beim Besuch des Amphitheaters der beiden Zahnreihen begegnen werden, haben eine Art Kurzform oder symbolische Stenografie. Sie setzen sich aus ein oder mehreren Zeichen zusammen, die in ihrer Komposition inhaltlich verstanden werden sollten. Drei einfache Symbole bilden den Grundstock:

1) Der Kreis.
Er drückt das Runde, Vollkommene, in sich Ruhende und Geschlossene aus. Anfang und Ende sind in ihm immerwährend enthalten. Wir nennen es das geistige oder männliche Prinzip.

2) Der Halbkreis.
Der Kreis ist unvollkommen, eingedrückt, offen. Dahinter spiegelt sich das Beeindruckbare, das Aufnehmende, Abhängige. Oder einfach das seelische oder weibliche Prinzip.

3) Das Kreuz.
Zwei Gerade kreuzen sich und drücken in ihrer Einfachheit etwas gänzlich anderes aus: Es ist das Zusammenwirken von Raum und Zeit, es sind die Gesetze der Materie, an die der Mensch bzw. alles Lebendige gefesselt ist.

Es ist somit der Körper, die Form, die Materie.

Das Zusammenspiel dieser drei Hauptprinzipien oder Grundideen ergibt die einzelnen Gottheiten oder Archetypen.

☿ Merkur oder Hermes

♀ Venus oder Aphrodite

♂ Mars oder Ares

♃ Jupiter oder Zeus

♄ Saturn oder Chronos

16

⛢ Uranus oder Uranos

♆ Neptun oder Poseidon

♇ Pluto oder Hades

☉ Sonne (Sol, Helios)

☽ Mond (Luna, Selene)

Es lohnt sich, diese Symbolkompositionen einmal meditativ vor seinem inneren Auge zu betrachten. Den eiligen Leser verweise ich auf die folgenden Kapitel.

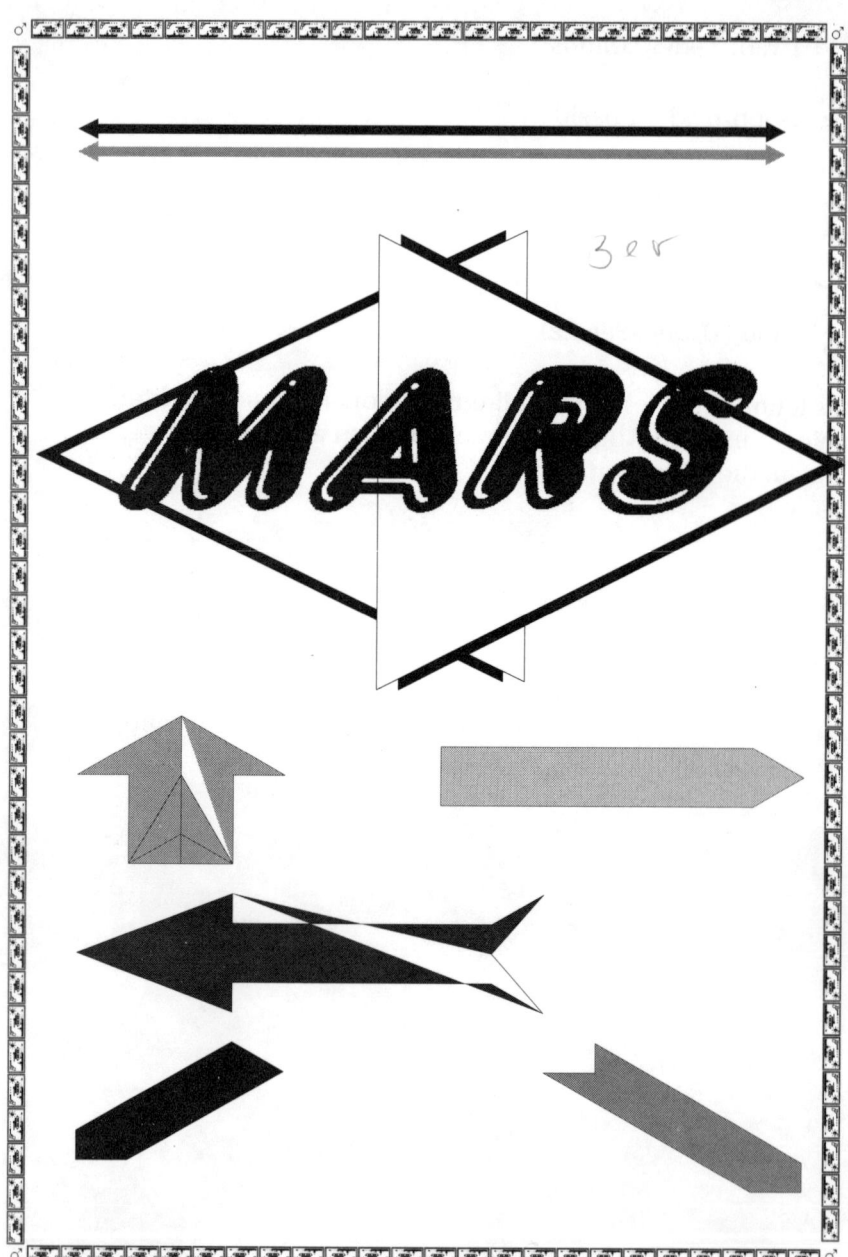

3er

Astronomisches

In den riesigen Weiten des Alls ist der Mars einer unserer beiden Anrainer. Mit 6800 Kilometer Durchmesser ist er wesentlich kleiner als die Erde, in 687 Tagen umkreist er einmal die Sonne. Ein Marstag beträgt rund 24,5 Stunden. Lange Zeit hielt man den „Roten Planeten" für unbemondet. Erst im Jahre 1877 entdeckte man seine beiden Begleiter. Mythologisch-konsequent gab man ihnen die Namen Phobos (zu deutsch: Furcht, wir kennen es aus einer Unzahl von Fremdwörtern, die alphabetisch von Akrophobie, der Höhenangst, bis zur Thanatophobie, der Todesangst, reichen) und Deimos (zu deutsch: Schrecken, unser Wort Dämon erinnert daran). Beides sind Begleiter des Mars.

Zur gleichen Zeit glaubten die Astronomen Schiaparelli und Lowell geradlinige „canali", Kanäle, auf dem Mars entdeckt zu haben. Die blühende Phantasie der Menschen bevölkerte nunmehr den roten Nachbarn mit intelligenten Wesen, die auf diesen Kanälen mit illustren Schiffen Fracht und Personen beförderten.

Im Jahre 1965 erwürgte die Technik die noch immer lebenden Kinder der Phantasie. Die Mariner-Sonden zeigten eine zwar athmosphäre-behaftete, aber unwirtlich zerklüftete Welt. Im Juli 1976 wühlte erstmals der feurige Brennstrahl eines irdischen Gastes den steinigen Wüstenboden des Nachbarplaneten auf. Die noch geheim gehegte Hoffnung nach Leben in unserem Sinne zerstob sehr bald. Eine große Bereicherung aber für die menschliche Seele sind die Aufnahmen der Viking-2-Sonde, die den Sonnenuntergang auf diesem anderen Planeten zeigen: In der dünnen Kohlendioxid-Athmosphäre verfärbte sich der rosafarbene Marshimmel bei Tagesende zu einem türkisfarbenen Schein am Horizont, bevor die Dunkelheit der Nacht ihren Sieg errang. Nur unterbrochen vom eiligen Lauf der beiden Monde, die sich gänzlich unromantisch als kartoffelförmige Gebilde herausstellten.

Die Namensgebung der Forschungssonden ist nicht uninteressant: Mariner heißt auf deutsch soviel wie Seemann. Ich stelle mir darunter aber nicht die in Ausgehuniform pikfein hergerichteten Seeleute heutiger Kriegs- oder Zivilschiffe vor, sondern eher die rauhen, bärtigen, vor nichts zurückschreckenden Haudegen, die beispielsweise die Schiffe Captain Cook's bevölkerten. Und daß die Vikinger nicht gerade ein zartbesaitetes Völkchen waren, weiß heute jedes Kind.

Ein weiteres typisches Mars-Symbol sind die hohen Vulkane, neben denen sich unser Mount Everest mit seinen 8.800 m geradezu pygmäenhaft klein ausmacht. Der Olympus Mons mit seinen 23 Kilometern Höhe ist ein wahrer Riese und die südöstlich von ihm gelegenen Tharsischen Berge würden, einmal auf die Erde projiziert, Reinhold Messner noch einmal alles abverlangen. Da wir gerade beim Denken in Analogie-Ketten sind, lassen Sie mich noch ein Beispiel aufführen: Der Time-Life-Bildband „Das Sonnensystem" enthält auf Seite 104 ein bemerkenswertes Farb-Foto. Der Viking-Orbiter, das Transportvehikel für die Sonde, schoß aus seiner Umlaufbahn ein Bild, das die Riesenvulkane wie Pickel, Pusteln oder gar Geschwüre auf einer fast ebenmäßigen Oberfläche zeigt.

Pickel und Pusteln sind marsische Phänomene, hier bricht etwas durch, hier verschafft sich etwas Luft. Bleiben wir dazu ruhig einmal auf unserem Planeten: Die Vulkane sind die Furunkel dieser Erde. Auch wenn es Ihnen ein wenig befremdlich vorkommen mag: Unsere Erde ist ein lebendiges Wesen so wie Sie und ich, wäre sie es nicht, so könnte sie kein Leben gebären.

Jedes Atom unseres Körpers ist eine Leihgabe der Mutter Erde, die wir irgendwann zurückgeben müssen.

So drücken sich im Vulkan-Furunkel die Emotionen der Erde aus, und im Erdbeben zeigt sich die wahrhafte „Erschütterung" unserer Heimat im All.

Ihre lästigen Untermieter setzen ihr ganz schön zu. Als dereinst die Riesensaurier mit ihrer immensen Freßlust und ihren ungeschlachten Füßen den Garten Gottes dezimierten, erhielten sie von Mutter Erde die rote Karte. Ungefähr 60 Millionen Jahre später schickt sich ein neues Geschlecht an, diesen Planeten mit Na-

delstichen (sprich Atombombenversuchen), Spraydosen und un-
gehemmter Vermehrung (Motto: Wohlstand für alle, Schicksal
für keinen) zu traktieren. AIDS ist eine der vielen gelben Karten,
wer weiß wie lange die Geduld noch reicht. Wie lange können wir
noch ungestört die fossilen Überreste der Tiefe gedankenlos zu
Benzin und Kunststoff verarbeiten, den grünen Lebensantennen
der Welt mit Motorsägen zu Leibe rücken und das Blut der Erde,
das Wasser, verseuchen? So, wie wir uns lästiger Fliegen auflau-
ernd mit einer Fliegenklatsche entledigen, so könnte wohl Gäa,
der Erdmutter, langsam aber sicher der Gedulds-Faden reißen.
Wer weiß? Die Natur hat unendlich viel Zeit, sie kann getrost
noch einmal 60 Millionen Jahre warten.

Nordwestlich des Olympischen Berges erstreckt sich die Arkadi-
sche Ebene, auf der man wohl vergeblich nach Ziegenhirten mit
ihrer Herde oder gar nach dem bockbeinigen Hirtengott Pan mit
seiner Flöte Ausschau halten wird.

Mythologisches

Die mythologische Betrachtung mag vielleicht in dem diesbezüg-
lichen Novizen einige Verwirrung auslösen, daher seien einige
klärende Worte vorausgeschickt: Wenn wir die alten Mythen und
Sagen anführen, so handelt es sich fast ausnahmslos um griechische Mythen mit griechischen Göttern und Helden. Die Römer
haben das Pantheon der Griechen weitgehend übernommen und
in eigene Namen gehüllt. Die geschichtliche Nähe zu den Römern
hat es mit sich gebracht, daß wir im alltäglichen Sprachgebrauch
uns der lateinischen Begriffe bedienen. Die abwechselnde Anfüh-
rung der Namen soll aber nicht darüber hinwegtäuschen, daß es
sich um dieselben Göttergestalten handelt, auch wenn ihr Bedeu-
tungsgehalt sich mehr oder weniger verändert hat. Als die römischen Cäsaren begannen, sich selbst zur Götterähnlichkeit em-
porzuschwingen, hatte ohnehin die olympische Götterdämme-
rung eingesetzt.

Ares ist neben Hephaistos einer der beiden Söhne des Zeus und
der Hera. Die vielfältigen frivolen Abenteuer und sein fast karne-
valistisch anmutender Drang zur Verkleidung, um sich dergestalt
den Schönen der Antike zu nähern, haben dem Zeus offensicht-

lich wenig Zeit gelassen, im ehelichen Umfeld für olympischen Nachwuchs zu sorgen. Weder die eigenen Eltern noch die Griechen mochten diesen ungestümen, wilden, manchmal jähzornigen Knaben. Kein geringerer als Homer unterstellte dem Zeus, Haßgefühle gegen seinen Sohn wegen dessen Streitlust und Gewalttätigkeit zu empfinden. Im Trojanischen Krieg engagierte sich Ares für die Trojer und half deren Lokalmatador Hektor, was dem griechischen Heer so manche Blessur beibrachte.

Im eigentlichen Sinn ist Ares gar nicht parteiisch, sondern ihm geht es nur um den Kampf als solchen, er hat regelrecht Freude an Streit und Getümmel. Soviel Kampfeslust zieht seinen Gegenpol geradezu magisch an. Aphrodite, die Göttin der Liebe, erliegt dem ungeduldigen Werben so manchesmal, obwohl sie an der Seite des göttlichen Schmiedes Hephaistos, der leider ein wenig verunstaltet ist, ihren Platz haben sollte.

Die Ares-Aphrodite-Beziehung blieb nicht ohne Folgen. Neben den bereits erwähnten Phobos und Deimos entsprang Eros (lateinisch: Cupido, Amor) dieser Liaison, der auch heute noch mit Pfeil und Bogen (Erbgut des Ares) bewaffnet die Herzen zueinander führt. Die Gestalt des Eros offenbart sich, wie in vielen Mythen üblich, in sehr unterschiedlichen Versionen. In der Theogenie des Hesiod ist Eros das seit Anbeginn aller Zeiten vorhandene, unpersönliche Urprinzip, das die konträren Pole unwiderstehlich zueinander trieb und somit aus dem Chaos den Kosmos, das Geordnete, schuf. Im Laufe der Zeit personifizierte man dieses Prinzip zum pausbäckigen, kleinen, geflügelten Knaben. Eine gelungene Darstellung ist in Athens Nationalmuseum zu sehen: Aphrodite, von Pan bedrängt und zwischen beiden Eros als kleiner Knabe.

Ein weiterer wohlklingender Name rundet den Kindersegen der Aphrodite-Ares-Verbindung ab. Harmonia, die spätere Gemahlin des sagenhaften Königs Kadmos von Theben. Die Geschichte Kadmos' erweist sich für unsere Zwecke recht beachtenswert. Bestürzt über den Raub seiner Tochter Europa schickte Agenor, König von Tyros in Phönizien, seinen Sohn Kadmos zusammen mit seinen Brüdern Phönix und Kilix auf die Suche nach der entschwundenen Schwester. Das delphische Orakel, von ihm befragt, riet ihm zur Aufgabe der Suche. Er solle einer Kuh folgen und an dem Platz, wo die Kuh sich zu Ruhe legte, eine Stadt gründen. Kadmos vergaß den Stier, der seine Schwester geraubt hatte und folgte einer Kuh, die ihm alsbald über den Weg lief, bis nach Böotien. An einer Quelle wurden seine Begleiter von einem Drachen überrascht, der sie tötete. Erst Kadmos gelang es, den Drachen mit einem Stein zu erschlagen. So mutterseelenallein in der Fremde rief Kadmos die Göttin Athene an. Auf ihr Geheiß wurde Kadmos einer der ersten Exodontisten, also einem Vorfahren mancher Herdeliminierungsfanatiker.

Er riß oder zog oder schlug dem Drachen sämtliche Zähne aus und säte sie in die Erde. Aus diesen Zähnen (Mars!) wurden im Handumdrehen bewaffnete Männer (Mars!). Kadmos warf einen Stein in ihre Mitte und sofort begann die Drachensaat im Streit (Mars!) munter draufloszuschlagen (Mars!). Erschrocken gebot Kadmos Einhalt, aber nurmehr fünf blieben übrig und standen ihm fortan zur Seite. Sie wurden Spartoi genannt, die „Ausgesäten" und so, wie jeder Amerikaner gern ein Nachkomme jener „Mayflower"-Emigranten ist, war es eine Ehre, als Thebaner jene „Spartoi" in seinem Ahnenregister angeben zu können.

Der wilde Drache war allerdings ein Sproß des Kriegsgottes Ares und dieser setzte in einer olympischen Abstimmung durch, daß Kadmos acht Jahre dafür büßen mußte, erst dann durfte er des Ares Töchterlein mit dem wunderschönen Namen Harmonia unter Anwesenheit der Götter zum Traualtar führen. Eine völlig unmarsische Tat wird jenem Kadmos nachgerühmt: Er brachte aus Phönizien die Buchstaben ins Land der Hellenen und so wurde aus dem hebräischen aleph - beth - gimel - deleth das alpha - beta - gamma - delta und letztendlich unser Alphabet.

Kadmos kommt vom Wort kedem und kedmon, so viel wie „Osten", aber auch „früher", „vorher" bedeutend - Kadmos ist also der Vorherige. Die jüdische Mystik, die Kabbala, spricht von Adam Kadmon - dem „Adam", dem „Menschen, der vorher ist". Eine Wandlung um 180 Grad erfuhr die Art zu Schreiben: Die Griechen schrieben als erste von links nach rechts, sicherlich ein Novum, worauf an dieser Stelle aber nicht näher eingegangen werden kann.

Nicht immer blieb der kriegslüsterne, unbedachtsame Ares Sieger. Hephaistos, der olympische Schmied, ahnte schon lange die Seitensprünge seiner schönen Gattin Aphrodite, und er beschloß, sie in-flagranti zu ertappen. Er schmiedete ein filigranes, unsichtbares, starkes Netz, breitete es über das eheliche Lager und gab vor, gen Lemnos zu reisen. Schnell ergriff Ares die Gunst der Stunde und näherte sich der nicht abgeneigten Aphrodite, der der wohlgestaltete Ares ab und zu lieber war als ihr hinkender Schmied. Helios, der Sonnengott, der mit seinen Strahlen alles sah, machte dem Hephaistos Meldung und dieser zog das Netz zusammen. Da lagen sie nun, die beiden Liebenden, im kunstreichen Geflecht und konnten sich nicht rühren. Mit lauter Stimme rief Hephaistos die Olympier herbei. Die männlichen Götter erschienen neugierig, und dröhnend erschallte das Gelächter der Unsterblichen ob dieser Tat des „gehörnten" Hephaistos.

In einer athenischen Institution lebte der Name des Kriegsgottes fort. Am Fuße der späteren Akropolis erschlug er den Sohn des Poseidon, der eine seiner Töchter vergewaltigt hatte. Die Olympischen Götter saßen über Ares zu Gericht. Er mußte sich rechtfertigen und wurde freigesprochen. Diese Stelle erhielt den Namen Areopagos (Areios Pagos), Hügel des Ares und wurde zum Sitz des höchsten athenischen Gerichts.

Derartige Eskapaden schienen dem Ares aber nicht zu schaden, denn bei den Römern, denen man nicht zu unrecht etwas Martialisches nachsagt, legte er seine Nebenrolle ab und wandelte sich in die nach Jupiter bedeutendste Gottheit.

Ursprünglich war Mars der Gott eines Bauernvolkes, das oft die Hacke mit dem Schwert vertauschen mußte. So sollte Mars die Feldarbeit begünstigen, die in den Krieg ziehenden Männer beschützen und ihnen Mut eingeben.

Später wurde er in der amtlichen Religion des römischen Staates zu jenem behelmten Wesen, das für uns noch immer der Inbegriff des Krieges und seiner Beiwerke ist.

Es mag Sie, verehrte(r) Leser(in), verwundern, warum ausgerechnet der Kriegsgott Mars als erste Figur aus der Kulisse heraus das Amphitheater der Zähne betritt.

Doch sind die Zähne in ihrer Funktion ein typisches Mars-Symbol. Bei einem Rundgang durch einen zoologischen Garten brauchen Sie nur dort stehenzubleiben, wo verständlicherweise sich die meisten Besucher am menschenähnlichen Verhalten unserer nächsten Artverwandten ergötzen. Das Fletschen der Zähne signalisiert eine Kampfbereitschaft oder eine Drohgebärde. Dahinter steckt immer ein gereizter Zustand.

Bei den Raubtieren ist es ähnlich: Erst mit den aggressiv entblößten Zähnen rundet sich mit den wütenden Augen, dem gesträubten Nackenhaar, dem grimmigen Knurren und der sprungbereiten Körperhaltung das Bild zu einem martialischen Gesamteindruck ab.

Jeder Mensch trägt noch diese Urrudimente fast wie ein Erbe der Evolution in sich. Horchen wir einmal in die Umgangssprache hinein: Ein Mensch voller Waffen ist bis an die Zähne bewaffnet; da rast ein Autofahrer mit einem Mordszahn durch die Gegend. Steigert man das Ganze, dann ist es ein Affenzahn. An einem Hartgesottenen kann man sich die Zähne ausbeißen und einer wildentschlossenen (emanzipierten) Walküre sagt man nach, die habe Haare auf den Zähnen. Will man einen Partner prüfen, so fühlt man ihm zuerst auf den Zahn; möchte man jemanden abweisen, so braucht man ihm nur die Zähne zu zeigen. An Problemen, die grundsätzlich immaterieller Natur sind, hat man schwer zu kauen oder man kann sich die Zähne daran ausbeißen, und will man manchmal im Leben etwas erreichen, so muß man sich durchbeißen.

„Einen Zahn zulegen" kommt aus dem Küchenmilieu des Mittelalters, als der Kochtopf noch an einer gezahnten Metall-Latte hing. Kam unverhofft Besuch oder die Ritter eher vom Feldzug zurück, so wurde die Latte einen Zahn tiefer gehängt und damit der Topf weiter ins erhitzende Feuer hinabgesenkt.

Die Zähne sind nichts weiter als der geronnene Ausdruck dessen, wie ein Mensch sich an Widerständen orientierend im Leben durchsetzen kann. Sie sind ein Zeichen seiner Vitalität, die man ebenso als kanalisierte, gebändigte oder sozusagen bewußt gelebte Aggression bezeichnen kann.

Unsere Zeit hat das Thema Aggression aus dem Alltagsleben verbannt, so etwas tut man nicht. Und so laufen sie dann in der Welt herum, diese verhinderten Aggressiven. Weil sie im Umgang mit den anderen diese Tabu-Zonen nicht leben können, schwingen sie sich in ihre PS-Karossen und zeigen es den anderen anonym in den Kampfarenen der heutigen Zeit, den Bundesstraßen und Autobahnen.

Hat es dann einmal gekracht, dann wird die Straßenunfallstelle zur wahrhaft modernen Nachfolgeinstitution des römischen Amphitheaters. Da wird im Vorbeifahren des Tempo auf Schrittgeschwindigkeit reduziert, um sich am Schicksal anderer zu ergötzen. Jene Mitbürger voller innerer Erlebnisarmut blicken wie gebannt auf das „kriegerische" Straßen-Drama, bei dem gar noch marsisch-rotes Blut geflossen sein mag. Häufig jedoch sorgt die ausgleichende Macht des Schicksals dafür, daß jene scheinheiligen, so angepaßten und angeblich so aggressionsfreien Mitbürger genau in das verwickelt werden, das sie so zutiefst aus sich verbannen wollten. Die immer wieder zu beobachtenden Unfälle und daraus entstehenden Staus auf der Unfall-Gegenfahrbahn sprechen eine deutliche Sprache.

Dort erhält man dann den fälligen An-Stoß durch den drängelnden Hintermann. In den wenigsten Fällen führt es jedoch zu dem notwendigen Denk-Anstoß, sondern beschränkt sich auf das Klagen über eine angeblich erzwungene Opferrolle. Vergessen wir nie: Im Leben bekommt jeder ausnahmslos immer das, was er für seine Entwicklung gerade braucht. Auf die geschilderte Karambolage bezogen bedeutet es (auf beiden Fahrbahnen natürlich): Das Thema Mars wurde nicht gelebt. Deshalb holt sich dieses Prinzip seine „Opfer" mit Gewalt. Die Schimpfkanonaden und Fluchorgien der Beteiligten bilden dazu noch das verbale i-Tüpfelchen und lassen den Gott Mars zufrieden und gesättigt schmunzelnd mit der unausgesprochenen Aufforderung „So, der Nächste bitte", von dannen ziehen. Ein neckisches Spielchen, für-wahr! Wer offenen Ohres und Auges, der Symbol-Assoziation fä-hig, durch diese Welt geht, findet es überall.

Er findet sogar Leute, die vorgeben, keine Aggressionen zu ha-ben, aber äußerst aggressiv werden, wenn man ihnen vorhält, sie hätten doch welche. Zwar brüllt man heute nicht mehr „Panem et circenses", dieses Verlangen wurde über Jahrhunderte hinweg bis heute sublimiert. Aber wie schön, wenn man am nächsten Tag das Erlebnis aufgewärmt liest. Wo? Natürlich in dieser weitver-breiteten, so leicht verdaulichen Tages-Gazette, deren Kopf - wie kann es anders sein - ein rotes Emblem ziert. Man sieht, die Zeit vergeht, der Mensch ändert sich nur scheinbar.

Wer sich jedoch beherrscht und sich dem gesellschaftlichen Dik-tat beugt, der knirscht des nachts ohn-mächtig (d.h. er ist nicht-mächtig, seinem aggressiven Trieben einen konstruktiven „Aus-lauf" zu ermöglichen) mit seinen Zähnen. Die häufig angewandte Knirscherschiene ist eine blauäugige Therapie, versucht sie doch das Problem auf seiner untersten, korporalen Ebene zu lösen, ge-rade dort, wo es nicht gelöst werden kann. Die „Inkorporation" ei-ner „psychischen Schiene" scheitert zumeist an der Abwehrhal-tung des Patienten und an der mangelnden Ausbildung des Zahn-arztes.

Nach diesen Vorbetrachtungen kann der nächste Sprung gewagt werden. Wie schon erwähnt sind die Zähne in ihrer Funktion ein Ausdruck des Thema Mars: Sie beißen ab, zerhacken, zermahlen und zerkleinern die Nahrung, damit sie von Speichel durchsetzt werden kann, um so die Kohlehydrate anzudauen. Als härteste Körperstruktur fallen sie in die Saturn-Analogiekette.

Jedes Symbol kann wiederum als ein übergeordnetes, zusam-menfassendes Element angesehen werden, das in sich weitere Differenzierungen trägt. So auch bei den marsischen Zähnen. Hier ist es der Eckzahn (oder die Eckzähne), die als Unter-„Sym-bol" am stärksten das Urprinzip Mars verkörpern. Ein Mensch ohne Eckzähne hat etwas Weiches, Kontur- und Kantenloses, es fehlt ihm etwas zur physiognomischen Vollkommenheit, die beim Sprechen, Lachen oder gar bei einer verzerrten Drohgebärde sichtbar wird. Greifen wir dazu ein geflügeltes Wort aus der Ära Mao-tse-tungs auf: Er ist ein Papiertiger.

Selbst die anatomische Form unterscheidet ihn deutlich von seinen „friedlicheren" Nachbarn: Spitz (Mars!) zulaufend drückt er geradezu plastisch die Kraft des Zupackens und des Herausreißenkönnens aus dem Beutestück aus. Die beiden benachbarten Frontzähne haben schon eine Keilform, aber der Eckzahn setzt dem durch seine Spitze noch die Krone auf. Fast kann man (physisch) das Hineindringen in die Materie spüren. Schauen wir uns aber einmal die Eckzähne unseres Gegenübers an. Sollten Sie, lieber Leser, Zahnarzt (um im Zeitalter der Frauenquote keine Mißverständnisse aufkommen zu lassen: es sind männliche und weibliche Angehörige dieses Berufsstandes gemeint) sein, sehen Sie sich die Ihrer Patienten an. Wie deformiert sehen allzu oft diese martialischen Eckpfeiler unseres Eßzimmers aus! Die einst akzentuierte Spitze ist dem Zahn der Zeit (welch schönes Wortspiel!) gewichen, ein Plateau hat sich herausgebildet.

Wie konnte es dazu kommen? Ist doch immerhin ein Zahn so eminent hart! Zur Klärung ist ein kleiner Ausflug in die Funktion notwendig. Stellen wir uns die Zähne als ein Orchester vor. Ein Orchester setzt sich aus einer Vielzahl von Musikern (Analogie: Zähne) zusammen, deren harmonisches Zusammenspiel erst dann gewährleistet werden kann, wenn sie eine Führung, einen Dirigenten haben (es muß nicht immer ein exzentrischer Dirigent sein). Diese Führer-Position - oder nennen wir es besser Führungs-Position, damit es keine Kollision mit unserer unbewältigten Vergangenheit gibt - hat, wie kann es auch anders sein, der Eckzahn mit seinem Dominanz-Anspruch an sich gerissen.

Und so dirigiert er wie ein Kapitän auf der Brücke seines Schiffes die Bewegungen der beiden Kiefer zueinander. Beobachten Sie sich einmal beim Kauen. Da der Oberkiefer fest verankert ist, haben Sie nur eine bewegliche knöcherne Komponente im Kopf, den Unterkiefer.(Sollten Sie wider Erwarten mit den Ohren wackeln können, so bedenken Sie: Im Ohr ist nur Knorpel, kein Knochen). Der Kau-Vorgang wird in der Regel eingeleitet durch ein Herabfallen des Unterkiefers, dann folgt ein Schwenken nach rechts oder links, je nach bevorzugter Seite und dann ein Rückgleiten des Unterkiefers in die Ausgangslage, wobei die Nahrung zerkleinert wird. Im Idealfall (so ist es zumindest im Konzept der Natur vorgesehen) gleitet bei diesem Zurückschwenken des Unterkiefers die Spitze des unteren Eckzahnes der betreffenden Seite auf der zum Gaumen liegenden Fläche des oberen Eckzahnes entlang. Das Zusammenbeißen der beiden Kiefer nennt man - einmal pauschal gesehen - zentrisches Schließen. Die Seitwärtsbewegungen nennt man Exzentrik.

Damit muß ich den vorhin geäußerten Satz revidieren. Im Kauvorgang brauchen wir offensichtlich doch einen exzentrischen Dirigenten, er trägt allerdings keinen berühmten Namen; der Volksmund nennt ihn ganz lapidar Eckzahn, Augenzahn, Hundszahn oder Wolfszahn. Die beiden letzten Ausdrücke spiegeln wunderbar dieses alte umfassende Wissen wieder, das in unsere Umgangssprache eingeflossen ist und intuitiv ahnend, aber nicht logisch analysierend entstand. Hund und Wolf sind Repräsentanten des Urprinzips Mars. Womit sich der Kreis einmal wieder schließt.

Nach diesem notwendigen Umweg kehren wir mit dem ebenfalls notwendigen Rüstzeug zurück zu unserem deformierten Eckzahn. Seine spitze Zierde ist einem Plateau gewichen, das bei Licht gesehen, sogar hochglänzend und spiegelblank jeder deutschen Küchensauberkeitsfanatikerin zur Ehre gereichen würde. Die Erklärung ist relativ einfach. Die Zähne sind nicht nur Kauwerkzeug und somit ein Hilfsorgan rein somatischer Funktionen, sondern auch Ausdrucksspiegel psychischer Inhalte. Es fletscht jemand vor Zorn seine Zähne, es knirscht jemand vor Wut mit den Zähnen oder man mahlt im Streß auf seinen Zähnen. Der Volksmund trifft wieder mit einem Spruch ins Schwarze: Wer heute seinen Kopf in den Sand steckt, knirscht morgen mit den Zähnen. Ein Kompliment diesem Graffitti-Autor für seine geniale Komprimierung ganzer psychologischer Lehrbücher! Gelingt es also einem Wütenden nicht, diesen Zorn in Form von aggressiver Reaktion ins Außen zu transportieren, so richtet sich die Kraft dieser Emotionen, besonders bei häufiger Wiederholung, gegen sich selbst. Er beginnt ohn-mächtig mit den Zähnen zu knirschen. In der Medizin nennt man es: Isometrische Kontraktion der Kaumuskulatur. Diese Anspannungen führen zum Abrieb der Zähne, besonders der Zähne, die am meisten an der Funktion beteiligt sind. Und das sind unsere Eckzähne! Ein Vergleich bietet sich nachgerade an: Es ist der stete Tropfen, der den Stein höhlt.

Ein weiterer Aspekt ist in diesem Zusammenhang hochinteressant. Die Natur ist immer bestrebt, sich der gekrümmten Dreidimensionalität zu bedienen. Im Klartext heißt das: Alles Lebendige ist immer rund, gekrümmt, gewölbt, gebogen - aber niemals plan. Selbst die Wasseroberfläche eines windstillen Sees - um mögliche Gegenargumente sogleich zu entkräften - trägt schon die, für unser Auge aber nicht bemerkbare, Krümmung der Erdoberfläche in sich. Sieht man demzufolge irgendwo im Menschen gerade Flächen, so ist das immer ein Zeichen von Anomalität bzw. etwas Pathologisches. Das gilt ausnahmslos vom glattgeschliffenen Zahn bis hin zum Plattfuß.

Natürlich ist die Zahn-Somatisierung nicht ausgelebter Aggressionen nur eine Variante. Ebensogut kann ein solcher Mensch ein Magen- oder Dünndarmgeschwür bekommen oder der ständige Ärger schlägt sich verdichtend als Gallenstein(e) nieder. Im ersten Fall sind es die aggressiven Verdauungsfermente, die sich gegen die eigene Magen-Darm-Wand richten. Ist die Galle betroffen, so ist der Zusammenhang schon sprachlich evident. Chol... hat etwas mit der Galle zu tun. In der altbekannten Typen-Zuordnung (Choleriker, Sanguiniker, Phlegmatiker, Melancholiker) ist der Choleriker ein Mensch, der seinen häufig unkontrollierten Zornesausbrüchen freien Lauf läßt. Danach ist meistens und zudem auch galleschonend der Zorn verraucht. Kann er es nicht, da diese emotionellen Entgleisungen in unserer Gesellschaft ungern gesehen werden und damit karriereschädlich sind, dann somatisiert sich die gebremste Energie. Wie an einer Stauung in einem Fluß kommt es zu energetischen Wirbelbildungen und zu Ausfällungen. Mikrosteinchen, die zu ausgewachsenen Gallensteinen werden können.

Selbstverständlich kann die ständige Traumatisierung (Aggressionskompensierung) auch im Zahn- Kieferbereich ihre Folgen haben. Fehlt einem Menschen das solide Fundament, der Halt (im übertragenen Sinne könnte man sagen: das Saturnisch-Mineralische in Form von Calzium, Magnesium, Zink etc., d. h. die strukturbildenden Elemente), so führt die ständige Überlastung zum

Knochenabbau, zur Lockerung und - last not least - zum traurigen Abgang in ein hartes Brötchen oder in die spitzen Klauen einer Zahnarzt-Zange (samt und sonders Mars-Symbole!).

Wiederum gilt die Aussage: wird ein Prinzip im Inneren nicht gelebt, sondern verdrängt, kommt es unweigerlich von außen auf uns zu. Das gilt für einen Unfall und für das Reißen eines Zahnes, vornehm Zahnextraktion genannt.

Die marsischen Qualitäten (rein wertungsfrei!) wie Durchsetzung, Kämpfen, Behaupten, überschüssige Energie, Durchhalten zeigen sich im gewissen Sinne auch im Mund. Jeder Zahnarzt kann es bestätigen! Häufig sind es die stabilen Eckzähne, die mit ihrer kämpferischen Natur noch einsam im weiten Rund der Kieferbögen alle anderen Zähne überlebt haben und für eine Befestigungsmöglichkeit von Zahn-Ersatz sorgen, um nach außen weiterhin die kraftvolle Vitalität vorzutäuschen. Eine der Maximen unserer Fortschritts-Gesellschaft heißt: Mehr scheinen als sein. Alle eingegliederten Prothesen dienen diesem Ziel, denn Anomalität ist out. Diese kritischen Betrachtungen sind keineswegs als negative Wertung aufzufassen, sondern reine nüchtern-sachliche Statements. Und wenn wir alle einmal ehrlich sind: Wir spielen dieses Spiel des Lebens auf irgendeine Art und Weise mit.

Kehren wir zurück zu unserem Eckpfeiler der Vitalität. Sämtliche Erscheinungen an diesem Zahn sind lebendiges Sinnbild einer gestörten Beziehung zu dem ihm innewohnenden Thema. Ohne Kochbuch-Rezepte der Deutung ausgeben zu wollen, die man beliebig und wahllos ohne Erwägung der sonstigen Umstände jedem überstülpen kann, sei kurz skizziert: Karies an einem Eckzahn kann als Auto-Aggression interpretiert werden oder als Einschränkung der Vitalität. Der saure Speichel als marsisches Phänomen lädiert das eigene Symbol. Das Ziehen eines Eckzahnes stellt einen großen Eingriff in die Möglichkeit der aggressiven / vitalen Ausdrucksfähigkeit dar. Das Fehlen eines Eckzahnes kann ähnlich gedeutet werden. Ein Eckzahnhochstand oder das nicht selten vorkommende Verbleiben im Kiefer ist wiederum ein geradezu klassischer Ausdruck für hinter dem Somatischen stehende Inhalte.

Geht man von einer Beziehung des Oberkiefers zum Intellekt aus sowie einer Analogie Unterkiefer - emotionelles Verhalten, so kann man daraus unschwer schlußfolgern: Ein nicht durchbrechender oder nicht in sein Zahnfach hineinrückender Eckzahn signalisiert unterdrückte aggressive Emotionalität. Im Oberkiefer hingegen ist es die mangelnde Fähigkeit, verstandesmäßig klar mit dem Phänomen Mars umzugehen. So schwer und unangenehm es klingt, aber dies hat für den ganzheitlich denkenden Zahnarzt und Kieferorthopäden schwerwiegende Aufgaben. Neben der gerätemäßigen (sei es mit festsitzenden Apparaturen, sei es mit herausnehmbaren Platten) Einordnung und / oder operativen Korrektur gilt es, diesen Menschen auf seine bislang nicht gelebten Inhalte feinfühlend hinzuweisen. Wahrlich keine leichte Pflicht.

Gehen wir einmal ein neues Gedankenspiel durch: Manchmal ist der seitliche Schneide-Zahn nicht angelegt (auf diese Bedeutung kommen wir in einem späteren Kapitel), so daß der Eckzahn direkt neben dem vorderen Schneidezahn steht. Solche Menschen wirken beim Lachen unharmonisch und unstimmig. Spürt der Betrachter gar feinsinnig die zu weit in den Vordergrund geschobene aggressive Grundstimmung? Aber keine Angst! Es gibt ja Kronen! So wird konsequenterweise durch die Kunst des Abschleifens und die geschickte Hand des Zahntechnikers dieser Eckzahn seiner be-stechenden Form entkleidet und in ein neues harmloses Gewand gehüllt. Und so sitzt nun der Wolf im Schafspelz!

Da das Thema Kronen angesprochen wurde: Was bedeutet diese Hülle für einen Zahn, der Expansion und Triebkraft symbolisiert? Schlagwortartig wäre zu erwidern: Mars in goldenen Fesseln. Eine Fessel ist eine Fessel, auch wenn sie güldener Natur ist.

Lassen Sie mich daher den kühnen Schluß ziehen: Einengung eines archetypischen Grundmusters, das eine primär nach außen gerichtete Kraft darstellt, auf seiner korporalen Ebene muß zwingend zur Kompensation auf einer anderen Ebene führen. Hier lasse ich Sie jetzt mit Ihren assoziativen Begabungen allein, da immer die Gefahr besteht, daß hypochondrisch Veranlagte im Sinne einer Selbstprojektion vorgegebene Muster auf sich beziehen.

Homöopathie und Heilkunde

In meinen Betrachtungen fiel häufig der Ausdruck Analogie-Kette. Wir brauchen nunmehr diese senkrechte akausale Zuordnung, um im Außen das zu suchen, was uns fehlt und das gegebenenfalls ein Heilmittel für uns sein kann. In der Apotheke Gottes gibt es immer ein Hilfs- und Heilmittel für unsere Weg-Findung Das Hinein-Lauschen in unsere Sprache wird dem Sensiblen immer wieder Quell der inneren Freude sein. Könnte es zufällig sein, daß die beiden Wörter Weg (großgeschrieben) und weg (kleingeschrieben) neben ihrer orthografischen Identität auch eine inhaltliche Kongruenz haben? Mit Sicherheit ja! Ein Weg führt immer irgendwohin und immer, sofern man ihn geht, von seinem Standpunkt weg. Mit jedem Schritt eines Weges sollte der Mensch ein anderer sein, ein Stückchen weg von seinem alten So-Sein. Homöopathische Mittel können uns dabei helfen, aber nicht diesen Weg abnehmen. Sie setzen nur Impulse und Anstöße.

In der marsischen Kette finden wir u.a. Eisen, das Metall, aus dem die Waffen geschmiedet, Granaten gedreht und Mörser gegossen werden. Damit ist der Mensch befähigt, Entscheidungen zu treffen. Das Entscheiden, bildlich gesehen, war dereinst deutlich sichtbar! Der Mensch mußte sein Schwert aus der Scheide ziehen, um zu scheiden: Freund oder Feind, ich oder der, überleben oder getötet werden. So kann das marsische Metall in seiner homöopathisierten, potenzierten, dynamisierten Form dem Menschen bei Störungen dieses Themas hilfreich zur Seite stehen. Ferrum metallicum und Ferrum phosphoricum in entsprechenden Potenzen wären die geeigneten Heilmittel. Auf der Ebene der Pflanzen sind es die Brennessel, (Urtica urens), roter Pfeffer und Paprika, natürlich in geeigneter Aufbereitung.

Diese Heilmittel haben eines gemeinsam: Sie transportieren die Idee des Kriegsgottes, das expansive, ausdehnungsfreudige Prinzip in den Hilfesuchenden hinein und können ihm als Anstoß zum Umdenken dienen. Die Regel der vertikalen Entsprechungen gilt naturgemäß auch im Körper. Die metallische Schärfe des Schwertes sowie das unangenehme Brennen der Nessel können in ihrer vom Substrat weitgehend oder gänzlich befreiten Auswirkung zum Träger der Genesungswirkung werden. Vielleicht kommt sogar einer Ihrer Eckzähne dafür in Frage.

Astronomisches

Man nennt die Venus die Zwillingsschwester der Erde - gleicht sie doch unserer Erde größenmäßig sehr. Damit sind aber die Gemeinsamkeiten recht schnell erschöpft. Als Morgen- oder Abendstern ist sie nach Sonne und Mond das hellste Himmelslicht. Gerade die Zeit des Sonnenaufgangs und des Sonnenuntergangs gehört zu den beeindruckendsten Theateraufführungen der Natur - eine wahre Symphonie der Farben. Die Venus spielt darin ihren harmonischen Part, bis sie am Morgen von der alles überstrahlenden Sonne übertönt wird oder am Abend der Sonne auf dem Weg hinter den Horizont folgen muß. Mit einem guten Feldstecher kann man sogar die unserem Mond ähnliche Phasenbildung beobachten.

Als der Mensch begann, die Nachbargestirne mit wissenschaftlichen Methoden zu betrachten, richteten sich seine Blicke natürlich auch auf die Venus. Im Gegensatz zu unserem roten Nachbarn, dem Mars, waren die Ergebnisse unbefriedigend. Wie eine schamhafte Schöne verbarg sich die planetare Aphrodite hinter einem alles verhüllenden weißen Schleier. Die Phantasie der Menschen begann daher diese Nachbar-Welt mit ihren Wesen zu bevölkern. Man glaubte an eine feucht-warme, tropenähnliche Atmosphäre, in der die Natur Grünpflanzen in ungeahnter Fülle und unbeschreiblichem Formenreichtum sprießen ließ, bewohnt von Lebewesen aller Art. So mancher glaubte gar an ätherische Lichtwesen, die in paradiesischer Eintracht den Namen des Planeten mit einem analogen Inhalt erfüllten. Wie ein Liebhaber, dem das Ablehnen seines Werbens nur um so mehr in seiner Zuneigung entbrennen läßt, ließen die Wissenschaftler nicht locker.

Amerikanische und russische Raum-Sonden beendeten die Visionen von einer belebten Welt voller Harmonie. Als erster Kundschafter flog 1962 das amerikanische Weltraumvehikel Mariner 2 rund 35 000 km an der Venus vorbei. Der verschleierte Planet lüftete ein erstes Geheimnis - seine Oberfläche schien ungefähr 400 Grad Celsius heiß zu sein. Der Traum vom Leben in unserem Sinne war ausgeträumt. Dreizehn Jahre später, am 22. Oktober 1975, erreichten uns die ersten Bilder von der Oberfläche der Venus: Die russische Sonde Venera 9 war gelandet und zeigte eine steinige, leblose Umgebung. Drei Tage später folgten Aufnahmen der Schwestersonde Venera 10 aus einem anderen Gebiet, ungefähr 2500 km entfernt. Inzwischen weiß man einige Daten über die Venus: Ein Venusjahr dauert 224 Erdentage, ein Venustag entspricht 243 Erdentagen. 108 Millionen Kilometer ist der mittlere Sonnenabstand, demzufolge kann uns die Venus bis auf 40 Millionen Kilometer nahe kommen.

Der hohe Luftdruck der Atmosphäre (ca. 100 mal höher als auf der Erde) und die extremen Temperaturen scheinen eine höhere Lebensform nicht zuzulassen. Der Mensch wird wohl diese Treibhausathmosphäre nie betreten können. Und die dichte, nie aufreißende Wolkendecke wird der menschlichen Neugier wohl für immer den direkten Einblick verwehren. Was aber den Menschen nicht daran hinderte, seine technischen Sklaven auf die Reise zu schicken. So umkreist seit 1978 der Venus-Pionier Orbiter den wolkenverhüllten Wandelstern. Mit seinen Radar-Abstandsmessungen gelang es eine Höhen-Tiefen Kartographie durchzuführen: Zwei große Massive ragen aus dem relativ gleichmäßigen Niveau heraus. Im Norden ein Gebiet namens Ishtar Terra (in Anlehnung an die babylonische Vorläuferin der Aphrodite) mit den rund 11 km hohen Maxwell-Bergen (diese chauvinistischen Wissenschaftler! Sie hätten doch dem Berg ebenfalls einen weiblichen Namen geben können - es sei denn, die amerikanische Nachkriegsklatschtante hat Pate gestanden, was ich aber kaum glaube).

Auf der südlichen Halbkugel wird es wieder ganz feminin: das weniger hohe Aphrodite-Massiv erstreckt sich unterhalb des Äquators, größenmäßig vergleichbar mit unserem dunklen Kontinent Afrika. Nach soviel venusischer Geografie folgen Sie mir nun in die Vergangenheit, um die Spur unserer terrestrischen Venus aufzunehmen.

Mythologisches

Wer oder was ist diese Gottheit, die unserem hellen Nachbarn ihren Namen verlieh?

Bevor wir jedoch unsere orientalische Tour d'horizon aufnehmen, seien einige Betrachtungen vorausgeschickt.

Wer oder was sind eigentlich die Götter oder Gottheiten, wobei ich bei dieser Fragestellung ausdrücklich auf den Plural verweisen möchte?

Als der Mensch aus der Einheit fiel, oder um im Gleichnis der Bibel zu bleiben, als er vom Baum der Erkenntnis aß, da erkannte er, daß er nackt war. Sämtliche Tiere blieben im Paradies und sind es immer noch, sieht man einmal von einigen domestizierend und menschlich angepaßten Haus-, Stall- und Schoßtieren ab. Das Erkennen der Nacktheit ist identisch mit dem Spüren der Unvollkommenheit und Verletzbarkeit. Peter Bamm drückt es in seinem Essay-Band „Adam und der Affe" so herrlich allegorisch aus, in dem er sagt, irgendwann sei einmal aus dem Menschenaffen der Affen-Mensch geworden. Der Mensch wurde fähig zur Selbstreflexion, er tat den Schritt zu dem in seiner Tragweite nicht abzuschätzenden Wörtchen „Ich", womit gleichzeitig das „Du" entstand.

Die Beobachtung der Natur zum Zwecke des Überlebens (fressen oder gefressen werden) ließ ihn irgendwann das Vorhandensein nicht durch ihn beeinflußbarer Zustände und Ereignisse erkennen. Innerhalb der ersten Gemeinschaften entwickelten einige Mitglieder besondere Fähigkeiten, Botschaften aus dieser dem Menschen nicht ohne weiteres zugänglichen Sphäre zu empfangen und weiterzugeben. Genau genommen müßte es heißen: Diese Hellsichtigen besaßen noch den inzwischen weitgehend verschüttet gegangenen Zugang zum Numinosen. Inhalte, die die Menschen nicht in sich wiederfanden und im Außen suchten, wurden von der sich entwickelnden Medizinmann-, Schamanen- oder Priesterkaste mit Namen versehen und anthropomorph (menschenähnlich) überhöht als Gottheiten dargestellt.

Der Mensch schuf sich in seinem Gefühl des hilflosen Ausgeliefertseins seine Götter, die ihm das Gewünschte oder Fehlende durch geeignete Anrufungs-Rituale (Opfer) geben sollten. Retrospektiv ist das sicher eine gesunde Weise, mit seinem eigenen Schicksal umzugehen. Haben doch Widrigkeiten des Lebens, Unglück und Glück immer etwas mit dem betreffenden Menschen selbst zu tun.

Das dargereichte Opfer war der Ausdruck der Sühne oder als Unterstreichung einer Bitte im Sinne des Geneigt-Machens aufzufassen.

Der damalige Mensch brauchte noch keine Psychologen, die heute zu tausenden intellektuell-unfähig im Innenleben anderer verständnislos herumstolpern, oder Ärzte, die da glauben, der Mensch sei ein Sammelsurium biochemischer Reaktionen, die man mittels Chemie bei Entgleisungen wieder zur Raison bringen müsse. Die Gottheiten und ihre irdischen Vertreter verhalfen dem Menschen zu einem Gefühl des Eingebundenseins in die Ordnung der Dinge. Die Vielzahl der unerklärlichen Phänomene fand ihren Niederschlag in einer Unmenge von Wesenheiten, Geistern, Kobolden, Elfen, Riesen und Göttern, denen bestimmte Bereiche zugeordnet waren.

Es ist daher nicht verwunderlich - und damit sind wir nach diesem erforderlichen Umweg wieder auf unserer venusischen Fährte - daß auch die so schwer zu verstehenden, den Menschen innewohnenden Phänomene wie Zuneigung, Liebe, Sexualität, Partnerschaft, Fruchtbarkeit und Fortpflanzung ihre übernatürliche Personifizierung fanden.

Die Wiege unserer abendländischen Kultur beginnt im Zweistromland. Aus dem Dunkel der Vergangenheit tritt uns im alten Sumer die Göttin Inanna erstmals als Verkörperung der eben erwähnten Attribute dar, zugleich ist sie Herrscherin des Morgen- und Abendsterns. Babylonier und Assyrer übernahmen sie als Ischtar, der Inbegriff der orientalischen Liebes- und Fruchtbarkeitsgöttin. Bekannt sind ihre Tempeldienerinnen sowie die Tempelprostitution als Ritual. Die Phönizier, jenes quirlige Handelsvolk des Altertums an der Küste des heutigen Libanons, huldigten derselben Göttin unter dem Namen Astarte. Werfen wir einen Blick ins Alte Testament, so sind im Buch Josua und im Buch der Richter die häufigen Auseinandersetzungen der Kinder Israel mit den Ureinwohnern des Landes Kanaan festgehalten. Wiederholt finden wir einen Hinweis auf die bei den Philistern herrschende Vielgötterei: die Baal und Aschtoreth. Letzteres muß für griechische Zungen ein unaussprechliches Wort gewesen sein: sie verformten es zu Attorethe und Aphtore, aus dem schlußendlich Aphrodite wurde.

Jedes Volk entwickelte seine eigene Mythologie. Viel zu prosaisch wäre es, eine Göttin dieses Ranges als einfaches Souvenir oder Geschenk phönizischer Seefahrer zu übernehmen. Um die Herkunft Aphrodites ranken sich mehrere Sagen. Folgen wir der Theogonie Hesiods, kann Aphrodite mit Recht von sich behaupten, die wohl ungewöhnlichste Geburt erlebt zu haben. Keineswegs ist sie, wie so mancher glaubt, eines der vielen Kinder des Zeus. Vielmehr ist sie, wenn wir uns der Götter-Genealogie des Hesiod bedienen, eine Tante des Zeus. Aber gehen wir der Reihenfolge nach vor.

In der griechischen Mythologie war am Anfang das Chaos, aus dem irgendwann Gaia, die Mutter des Universums, entstand. Hin und wieder überkamen Uranus, den Himmel, menschlich anmutende Regungen und er vereinigte sich mit der Erde. Daraus entstand das Geschlecht der Titanen (u.a. Kronos, Rhea, Okeanos), die stirnäugigen Kyklopen sowie hundertarmige Ungeheuer, die Hekatoncheiren. So ganz zufrieden war Uranus mit seinen mißratenen Zöglingen nicht, und eines Tages verbannte er die Kyklopen und Hekatoncheiren kurzerhand in die Unterwelt, den Tartaros. Als echte Mutter und emanzipierte Frau zürnte Gaia ob dieser Tat und sann auf Rache. Sie überredete Kronos, den jüngsten und offensichtlich mutigsten der Titanen zur Attacke auf den ungeliebten Vater und überreichte ihm dazu eine Sichel. Als sich eines Tages Uranus wieder der Gaia näherte, schritt er zur Tat. Ein Hieb - und ausgerechnet der männliche Teil des Uranus fiel dieser Verschwörung zum Opfer, sodaß Gaia fortan sich seiner nicht mehr zu erwehren brauchte.

Seit dieser Zeit ist der Himmel auf Distanz zur Erde gegangen. Nur engstirnige Sozialisten glauben noch immer an eine Wiederkehr des Himmels auf Erden, während der Kapitalismus diesen Irrglauben schon längst auf dem Altar des sogenannten Fortschrittes geopfert hat. Blutstropfen des Uranus zeugten auf der

Erde die Erinyen (Rachegöttinnen). Kronos warf das männliche Attribut des Uranus im hohen Bogen hinter sich ins Meer. Das Wasser schäumte auf und gebar ein wunderschönes Wesen, den Inbegriff weiblicher Anmut und Anziehungskraft: Aphrodite, die Schaumgeborene.

Die Legende weist die Nähe der Insel Kythera am Südzipfel des Peloponnes als Ort der Geburt aus. Das warme Meer umhüllte zartfühlend den Körper der Neugeborenen und geheimnisvolle Strömungen trieben die zukünftige Göttin der Liebe gen Zypern, wo sie bei Paphos erstmals festes Gestade unter den Füßen spürte. Nicht wie eine Schiffbrüchige, die sich mit letzter Kraft ans Ufer rettet, sondern, wie es sich für eine Göttin geziemt, leichten Fußes und erhobenen Hauptes betrat sie das ihr bestimmte Ufer.

Ein solch hoher Gast verdient natürlich ein angemessenes Empfangskomitee: Die drei Horen, Töchter des Zeus und der Themis, hatten sich eingefunden, hießen sie willkommen, bekränzten sie mit Blumen, schmückten sie mit goldenen Ketten und führten sie zu den Unsterblichen des Olymps, deren Herzen sie mit ihrer Schönheit im Fluge gewann. In den alten Legenden des Hesiod fehlt ein Symbol, das wir heute fast immer mit dem Bild der Aphrodite in Verbindung bringen: Die Muschel. Das Gemälde Botticellis „Die Geburt der Venus" spiegelt so wunderbar die der Muschel entsteigende Göttin wider. An diesen Zusammenhängen offenbart sich einmal mehr jene alte intuitive Schau unserer Vorfahren, die jenseits intellektueller Begreifbarkeit liegt. Die Symbolkette Aphrodite (Venus) - Zypern - Muschel enthält auch das Metall Kupfer.

In der astrologischen Zuordnung, einem Denksystem des vertikalen, analogen Weltbildes, ist Kupfer das Metall der Venus. Dieses Kupfer, wichtiger Bestandteil der Bronze, wurde damals auf Zypern (Kypros) gefunden. Die Muscheln wiederum, der Tiergattung der Mollusken (Weichtiere) zugeordnet, besitzen in ihrem Blut ein Molekül, das unserem Hämoglobin ähnelt, aber anstelle des Eisens Kupfer enthält. Als die Sagen, Märchen und Mythen entstanden, besaßen die Menschen noch nicht die Möglichkeiten unserer modernen Chemie. Ihre innere Eingebung verriet ihnen die tiefen Geheimnisse der Natur.

Stellen wir uns doch einmal, so als anachronistische Gedanken-
übung, folgende Situation vor: Anstelle der drei Horen stehen
drei Naturwissenschaftler am Strande von Paphos. Was würden
diese drei Zentimeter- Gramm- Sekunde- Zöglinge wohl tun?
Nummer Eins greift zum Fotoapparat oder zur Filmkamera und
hält die Szene auf Zelluloid oder Magnetband fest. Nummer Zwei
nimmt das Maßband und vermißt alles ganz genau. Nummer Drei
nimmt diesem unschuldigen Wesen Blut ab und läßt es im nächsten Labor überprüfen. Zuvor hat er sich aber noch schnell der
Muschel bemächtigt, um sie womöglich histologisch-anatomisch
zu untersuchen. Dieses Kunstbild ist natürlich sehr überzeichnet,
aber es soll eines charakterisieren: Die Naturwissenschaft zer-
stört mit ihrer Methode die Ganzheit und die Würde eines Ereignisses oder eines Wesens.

Kehren wir zum Thema der Muschel zurück. Bei Hesiod noch unerwähnt taucht die Muschel erst später im Zusammenhang mit
der Aphrodite auf. Wie kommt nun die Göttin der Liebe zu ihren
späteren Attributen? Märchen und Mythen sind Ausdrucksformen lebendiger Wirklichkeit und unterliegen oft einem Wandel.

Aus der Schaumgeborenenen wurde ein Wesen, das, ähnlich einem Küken aus dem Ei, einer Muschel entstieg. Gleichsam ge-
schützt durch die harten Schalen, so, wie eine Perle heranreift,
entsteigt sie als vollendete Schönheit ihrer Geburtsstätte. Es ist
der Mutterleib im Urmeer, der alles Leben hervorbringt. Kteis,
das griechische Wort für Muschel (wörtlich: Kamm) zeigt symbolhaft die ambivalente Bedeutung, ist es doch ebenfalls das Wort für
die weiblichen Geschlechtsorgane, das lateinische Wort concha
hat die gleiche Doppelbedeutung. Somit wurde anscheinend im
nachhinein der Göttin der Liebe und Fruchtbarkeit eine mythologische Geburt zugewiesen, die ihres Ressorts würdig war. Das
mag zur Entstehung der Liebesgöttin genügen. Weiteres mag der
interessierte Leser bei Hesiod oder Homer nachlesen.

Aphrodite läßt in den Herzen der Menschen jenes zarte Gefühl
der Liebe erwachen, sie fördert Zuneigung und verschenkt Glück
und Erfüllung der Wünsche. Sie ist das Strahlende, das Vollkommene, einer schimmernden Perle gleich. Voller Begeisterung vermag sie Trennendes, Auseinanderstrebendes zu verbinden,
schafft Harmonie, verleiht Sinnesfreude, daher wird sie auch von

Dichtern und Künstlern angerufen, um ihnen die Gabe des Erfassens mit allen Sinnen zu verleihen.

In vielen Mythen und Sagen wird von Aphrodite erzählt. Eine der bekanntesten ist die Vorgeschichte des Trojanischen Krieges.

Paris war der Zündfunke dieses Ereignisses, das, glaubt man den Worten Homers, den ganzen damaligen Erdkreis erschütterte. Seine Mutter Hekate, Frau des Königs Priamos von Troja, hatte während ihrer Schwangerschaft einen gräßlichen Traum: Sie gebar eine brennende Fackel, aus der Schlangen hervorkrochen; die gesamte Stadt geriet zum Flammenmeer. Damals befragte man noch den Seher, auch Traumdeuter, der zum Aussetzen des neugeborenen Kindes riet. Hirten nahmen sich des Paris an und er geriet zu einem wohlgewachsenen Jüngling, dessen Schönheit sich bis in olympische Gefilde herumsprach. Eines Tages gefiel es der Zwietrachtsgöttin Eris einen goldenen Apfel mit der Aufschrift: „Der Schönsten" dem göttlichen Damenflor der Olympier zukommen zu lassen. Hera, Aphrodite und Athene konnten sich untereinander nicht einigen (wie menschlich doch die griechischen Götter waren!) - also mußte eine männliche Jury her; ihre Wahl fiel auf Paris. Die drei himmlischen Damen ließen nicht nur ihre Reize spielen, sondern taten etwas, was man heute als handfesten Bestechungs-Skandal deklarieren würde. Hera entbot im Falle ihres Sieges Macht, Athene versprach Kriegsruhm und Aphrodite verhieß dem noch unschuldigen Paris die schönste Frau der Welt. Paris erlag dem letzten Angebot, überreichte ihr den Apfel und erhielt dafür Helena, die Gattin des Königs Menelaos von Sparta. Zehn Jahre Krieg waren die Folgen dieser antiken Schönheitskonkurrenz. Trotz der schützenden Hand Aphrodites wurde Paris ein Opfer dieses martialischen Geschehens.

Wie schon im Kapitel des Mars geschildert, war Hephaistos der eigentliche „Partner" der Aphrodite. Er war der „olympische" Schmied, der trotz oder gerade wegen seiner körperlichen Behinderung unglaublich geschickt war und die hervorragendsten und grazilsten Kunstwerke für seine göttlichen Auftraggeber fertigen konnte. Nicht von ungefähr brachten die Griechen in ihrer Mythologie oft das Schöne, Helle, Klare mit dem Häßlichen, Groben, Unvollkommenen zusammen. In dieser Beziehung offenbart sich das Aphrodite-Venus-Prinzip: Der Ausgleich der Gegensätze, das Zusammenführen von Andersartigkeiten, das Suchen der Mitte.

Eine weitere Gestalt im Aphrodite-Mythos ist Adonis, um den sich viele, teilweise konträre Geschichten ranken. Myrrhe, oder Smyrna, liebte ihren Vater, Kinyras, König von Paphos. Im Rausch kam es zum Inzest. Kaum hatte Kinyras dies begriffen, griff er zum Schwert, um seine Tochter zu töten. In ihrer Not rief Myrrhe die Götter an, die sie in einen Baum gleichen Namens verwandelten. Zehn Monate danach gebar der Baum einen Knaben namens Adonis, der zum Jüngling von außergewöhnlicher Schönheit heranwuchs. Aphrodite, mit ihrer Vorliebe für das ästhetisch Vollendete, entbrannte in Liebe zu ihm und fürchtete stets um ihn, wenn er auf die Jagd ging. Ares, der stets ein eifersüchtiges Auge auf mögliche Rivalen warf, ließ eines Tages bei der Jagd einen wilden Eber auf den Jüngling zurasen. Tödlich verletzt vom Hauer (Eckzahn) des Ebers verblutete Adonis. Unendliche Trauer erfaßte Aphrodite, als sie die Kunde vom Tod des Jünglings vernahm. Sie eilte zu seinem Leichnam und beschloß, ihrem Geliebten ein ewiges Andenken zu setzen. Sie verwandelte sein Blut in eine Blume, und noch immer wachsen diese Anemonen im Frühjahr auf den kargen Hügeln Zyperns.

Ein anderes amouröses Abenteuer nahmen die Römer als Legitimation für Ihre Abstammung aus Troja: Anchises aus dem Königshaus des Priamos hütete seine Herde, als eine wunderschöne Frau zu ihm trat. Dieser Liaison zwischen Aphrodite und Anchises entstammte Aineias, der von den Göttern beschützt die Wirren des Trojanischen Krieges überlebte und später bis nach Latium in Mittelitalien gelangte.

Nicht immer zeigt sich Aphrodite von ihrer guten Seite. Der Gegenpol, das Dunkle und Strafende, ruht auch in ihr. Wer ihr nicht die nötige Ehrerbietung entgegenbringt, zieht diese zerstörerische Komponente an. Die oben erwähnte Episode weist in ihrer Vorgeschichte darauf hin: So war Myrrhe eine Königstochter voller Anmut und Schönheit. Ihre Eitelkeit schadete ihr: Ihr lockiges, wallendes Haar, so verriet sie jedem, sei schöner und geschmeidiger als das der Aphrodite. So wurde sie wegen ihres Übermuts bestraft.

Ein anderer Mythos zeigt nun wiederum die Liebesgöttin, der man nicht die gebührende Referenz erweist. Hippolytos, Sohn des Theseus und der Amazone Hippolythe, blickte mißfällig auf das Wirken der Aphrodite und widmete sich ausschließlich der Artemis, der Göttin der Jagd. In ihrer Ehre verletzt spinnt Aphrodite eine Reihe von Rankünen, indem sie Phaidra, die Gattin des sich gerade im Exil befindlichen Theseus, in Liebe zu ihrem Stiefsohn entbrennen läßt. Die Tragödie des Euripides endete mit dem Tod des Jünglings.

Nach diesen griechischen Mythen noch ein paar Worte zur römischen Nachfolgerin der Aphrodite: Sie wurde als Venus in den lateinischen Götterhimmel übernommen und auf Erden wurden einfach die Götterstatuen von Griechenland nach Rom transportiert. So wurde beispielsweise aus der Aphrodite von Melos (fast niemand kennt sie!) die Venus von Milo (fast jeder kennt sie!). Der Name Venus bedeutet soviel wie Kraft durch Zauberei. Er symbolisiert die Macht von Beschwörungen und Gebeten. Sprachforscher sind der Ansicht, daß der Wortstamm „wen-" der indogermanischen Ursprache entstammt, aus der sich Sanskrit, Griechisch, Lateinisch, Deutsch und Englisch heraus entwickelten. Die Grundbedeutung des Wortstammes „wen-" ist wünschen, begehren, ge-win-nen, („win" im Englischen) - wir werden einen weiteren tiefen Zusammenhang bei den Zähnen sehen.

Im Lateinischen vorliegende, aus dem gleichen Wortstamm abgeleitete Begriffe sind: Venia - Huld oder Gnade der Götter; weiterhin - aus naturheilkundlicher Sicht interessant: venenum - Gift, Zaubertrank, Droge. Zu guterletzt seien noch die Venen angeführt, die so mancher Frau als Krampfvenen (-adern) das Venusbild verunstalten.

Zusammenfassend läßt sich sagen, daß die römische Venus eine Demontage der griechischen Aphrodite war. Die meisten Bewohner Latiums und ihre späteren Nachfahren sehen in ihr mehr den personifizierten Ausdruck der Begierde und der körperlichen Vereinigung - ein wahrhaftiger Abstieg aus olympischen Höhen.

Venus und ihre Zähne

Nach dem astronomischen und mythologischen Vorspann wollen wir uns wiederum das analoge, in die Mundhöhle gestellte, oder besser: gewachsene, Urprinzip anschauen. Im Grunde müßte, das Symbol-Wissen in der geistigen Tasche, es fast jeder nahezu erraten können. Jeder Beruf bringt leider im Laufe der Jahre eine Art Betriebsblindheit mit sich. Unter funktionellen, versicherungstechnischen und abrechnungsmäßigen Betrachtungsweisen geht allzu oft das Empfinden für die Schönheit der Natur verloren. Alles, was die Natur ungestört hervorbringt, ist im Grunde für seine Aufgabe zweckmäßig und - läßt man allzu subjektive Betrachtungen außer Acht - zugegebenermaßen ästhetisch und schön.

Das gilt ausnahmslos für alle Zähne. Welch ein Wunderwerk an Formvollendung und immenser Härte entsteht im Dunkel des Kieferknochens, reift heran wie eine Pflanze und bricht hindurch in das Milieu, für das es vorgesehen ist und als wahre Krönung dieses Prozesses sucht und findet jeder Zahn noch seinen Partner. Es ist immer wieder erstaunenswert, wie alles an „seinem" Platz steht: Nur selten oder kaum verirrt sich ein Backenzahn in frontale Gegenden, wie sich auf der anderen Seite mit größter Seltenheit ein Schneidezahn im hinteren Gebiet seine Bleibe sucht. Ein Vergleich mit den fünf Fingern einer Hand, bei denen ebenfalls fast nie der Daumen die Stelle des kleinen Fingers einnimmt, macht es deutlicher: Sind es hier nun fünf Einzelwesen, bieten in jedem Kiefer immerhin sechzehn Individuen die Möglichkeit des Vertauschens.

Unser lange geträumter Traum von der Allmacht der Naturwissenschaft hat uns den Blick für die kleinen Wunder am Wegesrand verstellt.

Zum Glück, kann man nur sagen, geht ein Aufwachen durch die Welt.

Als Symbol der Aphrodite zeigen sich im Mund in erster Linie die oberen beiden Frontzähne, im schwächeren Maß ebenfalls die unteren Schneidezähne. Werfen wir unser volles Augenmerk auf diesen Vertreter des venusischen Urprinzips: Sieht er nicht aus wie eine Muschel, wenn wir nur das betrachten, was in die Mundhöhle ragt? Aus der rückwärtigen kleinen Erhebung, dem Cingulum, gehen zwei Grate hoch zur Schneidekante und umfassen ein konkaves Gebilde, das der Innenseite einer Muschel ähnelt. Mit etwas Phantasie ist es die Muschel des Gemäldes von Botticelli.

Wichtiger als die anatomische Ähnlichkeit ist die Inhaltsträchtigkeit dieser Zähne: Stellen sie sich zur Veranschaulichung einmal folgende Situation vor: Sie (als Mann) stehen vor einer Frau, deren Schönheit Sie in zahllosen Filmen bewundert haben; oder Sie (als Frau) sitzen einem jener markig-männlichen Typen aus der Zigaretten-Reklame gegenüber, den Sie immer einmal kennenlernen wollten. Darf's dazu etwas Romantik sein? Vielleicht Kerzenlicht oder gedämpfte Musik? Oder ein festlich gedeckter Tisch für ein Menu deux? Sie lächeln selig Ihr Gegenüber an und diese(r) öffnet langsam die Lippen und lächelt zurück. Aber, oh Schreck! Sie fallen aus allen Siebten Himmeln dieser Welt. Dort, wo Sie eine Perlenkette von weißen Zähnen erhofften, gähnt in der Mitte ein schreckenerregendes schwarzes Loch! Der Perlenkette fehlt eines ihrer wichtigsten Glieder, ein Frontzahn. Mag Ihr Gegenüber Ihnen noch so eindringliche Worte wie amore, l'amour, love oder gar unser deutsches Wort Liebe ins Ohr flüstern - der Traum ist aus.

Warum? Ihr Unterbewußtsein erhielt einen immensen Schock, weil es sich getäuscht fühlt.

Form und Inhalt passen nicht zueinander!

An den Frontzähnen spiegeln sich alle Attribute der Venus: Harmonie, Schönheit, Ästhetik, Geschmack, Empfinden, Liebesfähigkeit. Ist dieses Areal im Menschen verändert, ist es ein Signal für gestörte Inhalte. An der Form drückt sich das dahinterliegende Prinzip aus. Ein gefüllter, geflickter Frontzahn zeigt an, wie sehr Flickschusterei in der oben erwähnten Thematik betrieben wird oder wie löchrig Moral und Empfinden geworden sind Ein wackeliger Geselle macht die Unsicherheit deutlich. Zahnfleischentzündungen und Parodontose geben Aufschluß über das mangelnde Vertrauen in den eigenen Zugang zu diesen Bereichen. Fehlt gar ein Frontzahn, ja, dann fehlt's auch anderswo. Ist ein Frontzahn abgekaut und abgeknirscht, so ringt jemand offensichtlich mit diesem Themenkreis. Mit dieser Betrachtungsweise, die dem Lehrbuch-Wissen diametral gegenübergesetzt ist, gewinnt man eine neue, andere Dimension des Verstehens, die - ehrlich zugegeben - zuerst nicht gerade einfach ist, aber den Hilfesuchenden etwas transparenter werden läßt.

Bevor Sie also jetzt darangehen und dem nächstbesten Patienten ein Frontzahn-Implantat einsetzen, denken Sie einmal darüber nach, auf welches Spiel Sie sich dabei einlassen.

Greifen wir zum Verständnis des Folgenden das fiktive Beispiel mit Ihrem Film- oder Zigarettenwerbungs-Idol wieder auf. Es gibt im Deutschen die treffliche Floskel: Mut zu Lücke. Eine oft so leicht daher gesagte Redensart, mit einem großen Hintergrund, nämlich Ehrlichkeit. Dahinter steckt: nicht können, nicht haben, nicht scheinen - sondern so sein! Fast höre ich schon den mit Sicherheit folgenden Einwand: Aber was sollen denn mein Partner, meine Kinder, die anderen Leute von mir denken? Vor allem: wo ist die Grenze? Geben wir doch unumwunden zu: Unsere gesamte sogenannte Zivilisation ist eine Welt der Illusion und des Betruges.

Das fängt beim Lippenstift an, geht über die Kontaktlinse und Zahnprothese, dem gelifteten Busen, die verödeten Krampfadern bis zum auf Pump gekauften, viel zu großen Auto. Alles dient dem Schein. Unerschöpflich ist das Reservoir der Begründungen, warum das nun einmal so und nicht anders sein muß.

Von der Zahnlücke zur PS-Karosse ist es ein wahrlich großer Sprung, der Inhalt allerdings der gleiche.

Kein Volk auf unserem Globus hat dieses Schein-Programm so vervollkommnet wie die Amerikaner. Können Sie sich einen amerikanischen Präsidenten vorstellen, der mit einem dunklen, toten Frontzahn in die TV-Kamera lächelt? Wohl kaum! Politik und Show-Business haben eine Unmenge Kontaktflächen!

Die schönste Dokumentation der Venus-Analogie im Zahngebiet stellt das Säuglingsalter dar. Nach einer marsischen, schmerz- und fieberhaften Ouvertüre steht es mit ungefähr sechs Monaten da: Das erste aus dem Urmeer der Schleimhaut geborene Zähnchen der Aphrodite, der vordere Milchschneidezahn. Nur Hartherzige können sich dieser Zuneigung erheischenden, drolligen Ansicht verschließen.

Zugleich beginnt sich im Kopfbereich ein neues Venus-Symbol auszuformen. Wie bereits weiter oben angeführt, bedeutet das Venusische zugleich das Verbindende, Vereinende, aufeinander Abstimmende, das Harmonisierende. Das Kiefergelenk (besser: die Kiefergelenke, denn es sind derer zwei zu einem untrennbaren Gespann verbunden) hat die recht undankbare Pflicht, die so unähnlichen Brüder Oberkiefer und Unterkiefer in Frieden miteinander verkehren zu lassen. Da ist einmal der stolz-starre, kühle, dem Intellekt zugeordnete Oberkiefer. Ihm obliegt die dezente Führungsaufgabe, die wilden Umtriebe seines heißblütigen, beweglichen, dem Emotionalen zugerechneten Unterkiefer zu zügeln.

Gerät der Schöpfungsplan einmal daneben, so entwickelt sich ein zu großer Unterkiefer - immer eine leicht bedrohliche Stimmung erzeugend, hat der Mensch doch eine tiefe Urangst vor dem so zur Schau getragenen Ausdruck des Animalisch-Emotionalen. Und außerdem gelten gelebte Emotionen in unserer so sachlichen Zeit als unschick und wenig fein. Sind Oberkiefer und Unterkiefer gleich groß, so spricht man vom Kopfbiß. Folgen wir unserer Analog-Deutung, so gelingt es diesen Menschen nur schwer, ihre Emotionen unter verstandesgemäße Kontrolle zu bringen. Ein nicht zu überhörender Venus-Mißton ist das Kiefergelenk-Knakken. Ich möchte Ihnen die teilweise langweiligen Erklärungsversuche der Schulmedizin ersparen; wir stellen analog fest: Kiefergelenk-Knacker haben einen Knacks erlitten oder erleiden ihn noch immer. Nach dem bereits Gelesenen dürfte Ihnen, verehrte(r) Leser(in), die weitere Zuordnung kaum noch schwerfallen.

Zurück zu dem eben durchgebrochenen kleinen Venus-Zapfen unseres Säuglings. Der untere Frontzahn trifft jetzt auf einen oberen Frontzahn, die geradlinige Bewegung nach vorn ist eingeschränkt und geht nach vorn unten. Gleichzeitig erhält das weiter hinten liegende Kiefergelenk im Sinne einer beginnenden Adaptation an das spätere vollständige Milchgebiß und bleibende Gebiß Konkav-Konvexe Konturen. Diese zweckmäßige, evolutionäre Kreativität vermag den, der es noch nicht verlernt hat, immer wieder in Staunen zu versetzen.

Interessanterweise zeugen manche Begriffsfindungen der klassischen Zahnmedizin von einem unbewußten, intuitiven Ahnen jener archetypischen Zusammenhänge. Das gelöste und freie, nicht durch marsische Kau-Attacken unterbrochene Spiel der beiden Kiefer zueinander nennt man Ruheschwebe - ein Ausdruck von Harmonie und Frieden (Venus!). Nach des Alltags Stress (Mars!) sehnt sich jeder Mensch nach Ruhe. Das Wort „schweben" verkörpert innigst den Begriff der Harmonie. Denken wir an das klassische Ballett oder an chinesische Artisten. Wenn Sie es wagen, gesellschaftliche Zwänge über Bord zu werfen und sich beim Ballett nicht in die ersten Reihen, sondern in die letzten zu setzen, dann können Sie so richtig aus der Ferne die Illusion des lautlosen Gleitens und Schwebens genießen.

Die Symbolkette der Venus umfaßt noch weitere Aspekte wie Partnerschaft, Beziehung, Ergänzung, die Geliebte; den Strom der Gedanken und Ideen, der unsere Subjektivität auflockert, das Außenliegende, das Du. Die Elektroakupunktur hat uns völlig neue energetische Zusammenhänge (Resonanzketten) aufgezeigt, auf die ich bereits in meinem Buch „Jenseits der Molaren" ausführlich eingegangen bin.

Die Resonanzkette der oberen mittleren Frontzähne umfaßt u. a. die Nieren und die Blase. Daher ist der analoge Schluß gestattet: Nierenerkrankungen weisen immer auf Störungen des Kontaktes und der Partnerschaft hin, das Verhältnis zum Du ist aus dem Lot geraten. Sollten die häufigen Nierenprobleme (mit der Elektroakupunktur bereits in energetischen Vorstufen, d.h. klinisch noch nicht erkennbar, meßbar) ein deutlicher Fingerzeig auf Pseudokontakte der Menschen sein? Telefon, Telefax, Fernsehen und was uns die Technik sonst noch alles an Kommunikationsmöglichkeiten bietet, sind kein Ersatz für menschliche Nähe, denn sie bleiben immer unverbindlich. Der Mensch, früher eingebunden in eine Dorf- oder sonstige Gemeinschaft, wohnt heute in Hochhaus- oder Reihenhaus-Ghettos und kennt vielfach nicht einmal seinen Nachbarn.

Das Schicksal, von vielen als gnadenlos und ungerecht betrachtet, ist nichts weiter als eine im Weltenplan vorgesehene Korrektur, das Abweichungen vom vorgegebenen Lebensmuster des Individuums wieder in die Mitte bringt.

Der Mensch empfindet es als (meist ungerechtes) Los, wenn es sich in Form von Unfällen, Unglücken, Krisen oder Krankheiten zeigt. Jede Unbill ist demzufolge ein Hinweis auf ein vernachlässigtes oder verdrängtes Thema.

Die Statistik, jene unerbitterliche Methode des Erfassens von aus dem Gesamtkonnex herausgerissenen Fakten, hat ab und zu auch ihre guten Seiten: So scheint das männliche Geschlecht häufiger an Nieren-Steinen zu leiden als Frauen (bei denen Gallensteine als gestörte Marsenergie zahlreicher sind). Ein Stein im weichen Gewebe ist stets ein Zeichen einer unterbrochenen Energiezirkulation. Das nicht gelebte venusische Prinzip, erkennbar als im Psychischen nicht bearbeitete Aufgabe, verdichtet sich im Körperlichen bis zum Stein. Männer haben im allgemeinen mehr Hemmungen, kommunikativ ausgleichend und liebevoll zuwendend zu sein. Diese Inhalte sind jedoch in jedem Menschen enthalten und wollen ans Tageslicht, d.h. bewußt gelebt werden. Unterdrückung ist auch ein Druck. Nach dem Prinzip actio gleich reactio erzeugt jeder Druck seinen Gegendruck. Das kann bei Bedarf ein Nierenstein sein, der auf Ausführungsgänge drückt und sich unliebsam schmerzhaft, Beachtung erheischend als Kolik bemerkbar macht.

Homöopathie und Heilkunde

Das Metall der Venus ist das dereinst auf Zypern gefundene Element, woher auch sein Name stammt: Kupfer - Cuprum. Das Farbspektrum des Kupfers und seiner Verbindungen ist großartig! Rot - gelb - braun sind die Farben des reinen Elements, grün die Farbe des Malachits, blau die des Azurits und des Kupfervitriols und farbenprächtig ist der Buntkupferkies. Es sind ästhetische Farben, so recht geschaffen für das Prinzip der Harmonie. Aus diesem Metall und seinen Verbindungen werden nach den noch immer gültigen Vorschriften Samuel Hahnemanns die homöopathischen Mittel erstellt. Dazu zählen Cuprum metallicum, Cuprum arsenicum, Cuprum aceticum und Cuprum sulfuricum. Ist demzufolge das venusische Prinzip im Körper gestört, verabreicht man ihm das potenzierte Prinzip, um ihm auf einer höheren Ebene das zu geben, was ihm fehlt. Nervenfunktionsstörungen und Hautaffektionen (die Haut ist ebenfalls ein Kontaktorgan - sogar das ausgeprägteste) verlangen nach Cuprum.

Ein schmerzender Frontzahn wird sicherlich durch das in seiner Analogie-Kette liegende Cuprum günstig beeinflußt werden. Akute Fälle bedürfen der niedrigen Potenz Cuprum D6, D8. Je chronifizierter der Zustand ist, desto mehr wird man höhere Potenzen, z.b. Cuprum D 30 einmal wöchentlich zuführen. Bei allgemeinem Bedarf ist Cuprum D 10 immer richtig. Ob als Injektion, Tablette, Tropfen oder Globuli - das sind nur Äußerlichkeiten. Dem Prinzip ist es egal, auf welche Weise es dem Heilung-Suchenden nahe kommen kann. Eines der Hauptsymptome für die Rezeptierung homöopathischen Kupfers sind Krämpfe und Verkrampfungen, also Disharmonien der Ausdrucksform.

Die Frage der Wirkung bei nächtlichem Zähneknirschen wurde noch nicht untersucht. Das in Mode gekommene Tragen von Kupfer-Armbändern dient womöglich der Behebung eines Mangels an diesem Metall.

2 er

MERKUR

Astronomisches

In nur 57 Millionen Kilometern Entfernung umkreist der Merkur als innerster der Wandelsterne unser Zentralgestirn. Am Himmel ist er daher nur am Abend kurz nach Sonnenuntergang oder am Morgen kurz vor Sonnenaufgang als helles Pünktchen sichtbar. Gar manchem großen Astronomen war es nicht vergönnt, diesen kleinsten der inneren vier kleinen Planeten zu erspähen. Man sagt, Kopernikus habe sich auf seinem Sterbebett noch darüber beklagt, ihn nie zu Gesicht bekommen zu haben. Nur 88 Tage dauert die Umrundung der Sonne, die Rotationsdauer beträgt 59 Tage. Glühendheiß brennt die nahe Sonne in das pockennarbige Antlitz des Planeten, bitter kalt ist die Oberfläche auf der abgewandten Seite. Aus unserer Sichtweise ist der Merkur ein toter Planet. Ähnlich unserem Mond besitzt er keinerlei Athmosphäre. Da über den entfernten Erden-Bruder, den Pluto, noch keinerlei genauere Angaben vorliegen, ist der Merkur bislang wahrscheinlich der einzige Planet ohne luftige Hülle. Das Antlitz des Merkur ist dicht übersät von Kratern. Unser Mond unterscheidet sich äußerlich nur durch die ausgeprägteren Ebenen (lat.: mares, Plural maria) von ihm.

Lange Zeit kursierten nur vage Vorstellungen vom Aussehen dieses planetaren Schnelläufers. Am 29. März 1974 funkte die amerikanische Raumsonde Mariner 10 zum erstenmal von insgesamt drei Malen Fernsehaufnahmen zur Erde. Die Oberfläche des Merkur ist ungefähr zur Hälfte kartografiert. Von Ringwällen umgebene Flächen, kraterähnlich, werden Becken genannt. Das größte trägt den Namen Caloris. Auch die beiden Deutschen Goethe und Dürer wurden als Taufpaten für zwei bemerkenswerte Becken herangezogen. Wüßten gar Bach und Wagner, wie nahe man sie als Krater auf dem Merkur zueinandergerückt hat, wer weiß, wie oft sie sich im Grabe umdrehen würden.

Einen Begleiter besitzt der Merkur nicht.

Alles in allem: Für Menschen ein unwirtlicher Planet, so daß wohl eines Astro- oder Kosmonauten Fuß kaum jemals dieses Terrain betreten wird. Da es vorläufig über den Himmelskörper nicht mehr zu berichten gibt, wollen wir uns der Mythologie zuwenden.

Mythologisches

In den Adern des Hermes fließt blaues Blut höchster Provenienz. Es herrschte Nacht am Olymp. Göttervater Zeus gelüstete es wieder einmal, außer Haus zu naschen. Als tiefe Atemzüge seiner lieben Gattin Hera ihren Tiefschlaf vermuten ließen, entschwand er behende gen Arkadien. Das Liebesspiel mit der Nymphe Maia, eine Tochter des himmelstragenden Atlas, blieb nicht ohne Folgen. Sie gebar in einer Höhle am Berg Kyllene den Hermes. Er war in jeder Hinsicht ein außergewöhnlicher Sohn, wie sich alsbald zeigen sollte.

So wie ein Küken, kaum dem Ei entschlüpft, auf eigenen Füßen dahertrippelt, so entledigte sich Hermes am Tag der Geburt seiner Windeln und krabbelte aus der Wiege. Am Eingang der Höhle fand eine Schildkröte sein Interesse. Flugs veanstaltete er das erste One-man-brainstorming und eine neue Idee ward geboren. Kannte man bis dato in Arkadien nur den Klang der Flöte, so bereicherte Hermes den altgriechischen Musikinstrumenten-Markt um ein neues Gerät. Der Panzer der Schildkröte würde einen exzellenten Klangkörper abgeben, so schoß es ihm durch den Kopf. Humorlose Tierfreunde heutiger Art werden sicher oberlehrerhaft die Stirn runzeln: Der Neugeborene beförderte das Tier in den Schildkrötenhimmel und bastelte mit ihrem Panzer, zwei Schilfrohren und sieben Därmen, die erste Lyra (Leier). Kunstfertig schlug er die Saiten und sang frühreif-schelmisch das Lied vom Tête-à-tête seiner Mutter Maia mit Zeus.

Gegen Abend beschlich ihn ein völlig neues Gefühl, heute wissenschaftlich als Kleptomanie deklariert (eine ergötzliche Definition liefert der persische Psychologe N. Peseschkian: Kleptomanie ist die Kunst, etwas zu finden, bevor es ein anderer verloren hat). Abenteuerlustig, auf der Suche nach Neuem, bricht er auf und raubt fünfzig Rinder aus der Herde des Apollon.

Pfiffig und listig vermag er seinen Diebstahl zu kaschieren: Er treibt die Herde rückwärts und bindet sich Zweige und Gras an die Füße, um die Spuren zu verwischen. Apollo hätte einen Freund namens Winnetou benötigt, um diese Tricks fährtensucherisch aufzudecken. Seine Keßheit ist grenzenlos. Ohne jemals Body-building betrieben zu haben, ist ihm bereits die Kraft gegeben, zwei der Kühe rücklings auf den Boden zu werfen und sie zu schlachten. Gewissenhaft-durchtrieben, bereits der Zahlen mächtig, teilt er das Fleisch in genau zwölf Teile und opfert es auf einem Feuer den elf olympischen Gottheiten und frech vorausschauend sich selbst. Geschickt beseitigt er alle verräterischen Spuren, treibt die restliche Herde in eine Höhle und eilt geschwind am nächsten Morgen heim. Unschuldsvoll spielend liegt er in der Wiege, doch seiner göttlichen Mutter blieb seine nächtliche Eskapade nicht verborgen.

Ihrer Strafpredigt hält er vorwurfsvoll entgegen, wie man ihm, dem ach so Kleinen, Hilflosen, etwas derartiges zutrauen könne. Zugleich legt er der Mutter sein Inneres bloß: Nach Höherem strebt er, unter den Olympiern zu sitzen ist sein Ziel. So sagt er (zit. nach Kerenyi): Es ist doch besser in aller Ewigkeit in unerschöpflichen Reichtümern mit den Unsterblichen zu schäkern, als hier in dieser dämmrigen Höhle zu hocken.

Letztendlich findet Apollon doch die rechte Spur und taucht in der arkadischen Höhle auf. Eilends schlüpft Hermes in seine Wiege und disputiert mit seinem Halbbruder geschickt und eloquent, immer seine kindliche Unschuld beteuernd. Zwar gelang es Hermes, seinen göttlichen Halbbruder ein Lachen zu entlokken, aber dieser wollte die Situation geklärt wissen und nahm Hermes mit vor den olympischen Götterthron. Alles Leugnen half nichts, Zeus hatte alle verbalen Täuschungsmanöver schnell durchschaut, amüsierte sich aber köstlich über dieses raffinierte Kerlchen und plante ihn bereits als himmlischen Kurier ein. Unmißverständlich ordnete der oberste Olympier zuvor die Rückgabe der apollonischen Herde an. Weiteres Taktieren war sinnlos und unangebracht; so führte Hermes seinen Halbbruder zu den versteckten Rindern. Unterdessen arbeitete es im Köpfchen unseres frühreifen Windelträgers: Als letzter Schachzug aus seiner Trickkiste fiel ihm seine Leier ein. Wie ein mittelalterlicher Troubadour spielte er auf und entzückte damit Apollo so sehr, daß er dem Tauschgeschäft Lyra gegen Viehherde zustimmte.

Zeus nahm den geschickten Knaben in sein Team auf und übertrug ihm die Aufgaben des himmlischen Boten und Gedankenvermittlers zwischen Göttern und Göttern, Menschen und Menschen sowie Göttern und Menschen. Auf daß ihn jeder erkenne, erhielt er eine Uniform: Den geflügelten Helm und die ebenso ausgestatteten Sandalen - Zeichen seiner Schnelligkeit.

In sein Ressort gehört alles, was irgendwie mit Verbindungen zu tun hat: Er wird zum Patron der Verkehrswege, der Verbindungen der Menschen untereinander, des Taktierens und des Verhandelns. Denken wir daran: Handeln, Händler und Hand haben miteinander zu tun und drücken primär die Geschicklichkeit der Hand aus. Der Mensch neigt stets dazu, alles moralisch zu bewerten. So mißversteht er die Ambivalenz des Hermes: Er ist der Gott der Kaufleute und Händler aber auch der Diebe und Wegelagerer. Beides sind nur zwei verschiedene Facetten ein und desselben Vorganges. Ego und Eigentum als Folge des Sündenfalls sind die auslösenden Faktoren von Kauf und Diebstahl. Beides, Ego und Eigentum, wird von den Menschen so übermäßig geschätzt; dabei vergißt er, daß beides nur Schein ist und beim Verlassen der Form am Lebensende wieder abgeliefert werden muß. Hermes / Merkur ist es, der manchmal zwischen beiden vermittelnd einschreitet. Weitere Eigenschaften des Hermes und damit auch Ausdrucksformen des Merkur sind: Geistige Beweglichkeit, Geschicklichkeit, schnelle Auffassungsgabe und Interesse (dazwischen sein).

Hört man in einer Unterhaltung ein ums andere mal die Aussage: „Das ist ja inter-essant", so kann man sicher den Zitierenden in die merkurische Symbolkette einordnen: Er ist entweder im Tierkreiszeichen Zwilling geboren (Merkur ist der sogenannte Herrscher des Zwilling) oder er hat ausgeprägte Betonungen dieses Zeichens. So wie der Gott Hermes ein oberflächlicher Vermittler ist, dem der Zugang zur Tiefe fehlt, so sind betonte Zwillings-Typen von einer schmetterlingshaften Rastlosigkeit, die sie ununterbrochen von Blüte zu Blüte flattern läßt, ohne aber eine intensive Beziehung einzugehen oder eingehen zu wollen. In Südeuropa und im Orient hat sich das Prinzip des Merkur in seiner Doppelseitigkeit so wunderbar erhalten. Aus unserer nüchternen Geschäftswelt mit den Preisschildern und Richtpreisen kommend, mutet uns die Praktik des Schacherns, Feilschens und Handelns zuerst eigenartig an. Man wird das Gefühl des Übervorteiltseins nie ganz los. Es ist aber Ausdruck der Lebensfreude der Händler, es macht einfach ihren Alltag inter-essanter. Trotz hoher Gewinne (von uns als Betrug empfunden) wird der Verkäufer wohl im Innersten nicht ganz zufrieden sein, weil ihm die Essenz des Geschäftes, das eigentliche Handeln, in etwa Ähnliches bedeutet, wie das Gewürz für eine Speise.

Dem Hermes / Merkur unterstehen die Straßen und Verkehrswege, die Straßenschilder und Wegweiser - Orientierungshilfen für den Weg-Suchenden. Als Reisebegleiter der Seelen Verstorbener ist er uns als Psychopompos überliefert.

Neben der Rinderherde erhielt Hermes von Apollon noch den Hirtenstab, der ihn neben Flügelhelm und -sandalen auf allen Abbildungen ziert. Dieser Stab wurde zum Symbol der Botschaft schlechthin, des Überbringens und Vermittelns. In einer säkularisierten Abwandlung finden wir ihn noch bei Staffel- und Staffetten-Läufen.

Als Caduceus (Hermesstab) wird er zum Wahrzeichen des ärztlichen Berufsstandes. Die beiden sich um den Stab nach oben windenden Schlangen stellen die Pole dieser Welt dar, Gut und Böse, Hell und Dunkel, Yin und Yang etc., zwischen denen es gilt, die Mitte und damit das Heil zu finden. Durch die Separation in den Priester, zuständig für das Seelenheil, und den Arzt / Mediziner, zuständig für das körperliche Wohlbefinden, ist der Sinn dieses zum Aeskulapstab gewordenen Symbols etwas fragwürdig geworden.

Kommunikation jeglicher Art kann nur stattfinden, wenn bestimmte Kontaktierungsmöglichkeiten bestehen. Dafür, so der Mythos, schuf der intelligente Gott die Zahl, das Maß und das Gewicht, ferner die Buchstaben und damit die Sprache. Redegewandtheit im Sinne von überzeugungskräftiger Gabe ist sein Metier, die Kunst des gesellschaftlichen Parlierens und der Smalltalk auf der Party.

Der lateinische Name Merkurius läßt ein wenig die Verbindung mit mercator - Kaufmann und mercari - Handeltreiben erahnen.

Ein Wort, abgeleitet von unserem Götterboten, hat sich als Bezeichnung für Menschen in einem Zwischenbereich erhalten: Hermaphroditos. Die anmutige Aphrodite konnte sich dem Charme des jugendlichen Pfiffikus nicht ganz entziehen. Das Ergebnis dieser Tändelei war Hermaphroditos, ein Jüngling von großer Schönheit.

Mit fünfzehn Jahren durchstreifte er Kleinasien und kam an einen See, an dem die Nymphe Salmakis saß und ihr Haar kämmte (auch die Lorelei hatte offensichtlich nichts Besseres zu tun!). Es war Liebe auf den ersten Blick, aus der Sicht der Salmakis. Doch Hermaphroditos verschmähte ihr stilles Werben und hatte nur Augen für den herrlichen See. Inbrünstig betete Salmakis zu den Göttern und ihr Wunsch wurde erhört. Sie wurde vereint mit ihrem Angebeteten zu einem neuen Wesen, sowohl Mann als auch Weib.

Abschließend sei noch der berühmte Hermes Trismegestos, der dreimal große Hermes, erwähnt, der identisch mit dem ägyptischen Gott Thot zum Symbol des Wissens um die geheimsten Dinge dieses Universums wurde und heutzutage von Esoterikern und solchen, die sich dafür halten, bis zum Überdruß zitiert wird. Ob ihm, der noch immer unter uns lebt, das so willkommen ist, sei dahingestellt.

Merkur und seine Zähne

Als kosmisches Urprinzip hat auch Merkur seinen Platz im Kieferkamm gefunden. Umrahmt vom zackigen Mars und sanfterer Form der Venus ziert er neugierig herauslugend die Frontzähne als seitliche Schneidezähne in vierfacher Ausgabe. Klein, behende, fast zierlich ähnelt er in voller Jugendfrische seiner benachbarten, göttlichen Urgroßtante. Zur Form gibt es im Grunde genommen nur wenig zu sagen. Entscheidend sind die archetypischen Grundmuster, die sich hinter dem Formalen verbergen.

Ein Mensch, dem einer dieser vier Zähne verloren ging, kann folgende Schicksals-Konstellation aufweisen: Kommunikation gehört zum Menschsein dazu. Wir kennen bei Kindern, die von wilden Tieren als eigene Junge aufgezogen wurden, das Fehlen der menschlichen Sprache, da das kommunikative Vorbild der Eltern und Geschwister fehlt. Koppeln sich Menschen eigenbrötlerisch und kontaktfeindlich vom allgemeinen Miteinander ab, so werden sie unter Umständen durch einen Unfall oder Streit recht handfest mit dem Verlust eines seitlichen Schneidezahnes auf ihre Versäumnisse gestoßen. Dem Wissenden vermag es zu sagen: Da hat jemand gegen die Gebote des Merkur gesündigt.

Löcher, Verfärbungen, Frakturen sind die Analogien des gestörten Prinzips und können dementsprechend gedeutet werden. Gar nicht so selten harrt der Zahn-Eigentümer vergeblich auf den Durchbruch eines oder beider seitlichen Schneidezähne, zumeist im Oberkiefer. Auf der bildlichen Ebene, die so gänzlich von der naturwissenschaftlichen Betrachtung abweicht, zeigt sich dann Folgendes: Die beiden konträren Anlagen Venuszahn und Marszahn rücken einander näher, sie gehen fast auf Tuchfühlung und prallen somit in diesem Menschen härter aufeinander, da die vermittelnde Funktion des Merkur fehlt, der die beiden zwar miteinander verbindet, zugleich jedoch auf wohltuende Distanz hält.

Die ungestüme, wilde Leidenschaft des Kriegsgottes und die subtilen, sehnsuchtsvollen Gefühle der Venus in ständiger Berüh-

rung - ob das wohl gut geht? Was können wir noch daraus schlußfolgern? Fehlt der Hermes-Zahn, so rutscht der Eckzahn zwangsweise nach vorn und damit steht das aggressive Verhalten, sei es
gelebt oder ungelebt, mehr im Vorder-Grund. Not macht erfinde-
risch und die zahntechnische Kunst macht einiges möglich.
Manch einer, dem die Ehrlichkeit auf diese Weise ins Gesicht geschrieben steht, wird umfunktioniert: Der Eckzahn wird zum
seitlichen Schneidezahn mittels einer Ver-Blend-Krone umgewandelt - Tarnen und Täuschen in reinster Form!

Diese Art von Behandlung zeigt die mangelnde psychologische
Ausbildung der meisten Zahnärzte. Bei diesem Umänderungs-
manöver hätte der Patient eine Aufklärung über die inhaltlichen
Zusammenhänge verdient. Extrem breite oder lange Zweier lassen ein überbetontes merkurisches Prinzip oder den Hang zu nur
einer Seite dieses ambivalenten Musters vermuten. Denken wir
daran, daß Merkur nicht nur der Patron der Händler, sondern
auch der Diebe ist. Und einmal wertfrei betrachtet, gehört diese
Eigenschaft mit zur Farbigkeit dieser Welt. Gäbe es keine Diebe,
so gäbe es auch keine ehrlichen Menschen. Überhaupt hat es mit
dem Diebstahl so seine Bewandtnis. Die kleinen und mittleren
Betrüger werden vom Gesetz verfolgt und bestraft. Die großen
haben entweder gute Anwälte oder ihre Tätigkeit wird gesell-
schaftlich verbrämt und toleriert. Jeder Politiker oder Funktio-
när, der gedankenlos, leichtfertig und unverantwortlich Geld aus-
gibt, das er nicht verdient hat, erfüllt den letzteren Tatbestand.

Ein weiterer Zusammenhang ist mir bei meinen Elektroaku-
punktur-Untersuchungen aufgefallen: Menschen mit der Nichtanlage der Zweier scheinen in ihrer Vergangenheit Vorfahren mit
Syphiliserkrankung zu haben. Diese genetische (nicht bakte-
rielle!) Information ist offensichtlich die Ursache für die eben geschilderte Nichtanlage. In der Homöopathie spricht man von Erb-
nosoden. In diesem Falle wird häufig Luesinum in einer hohen
Potenz benötigt. Um aber dies sofort klarzustellen: Diese defizi-
täre Zahn-Anlage ist nur eine der möglichen Folgen.

Mit dem seitlichen Schneidezahn wäre die Reise durch den fron-
talen Bereich eigentlich abgeschlossen. Ein offen gestanden heik-
les Thema können wir einfach nicht wegschieben (im Backen-
zahngebiet ist es noch heikler!) Es handelt sich um nichts Ge-

ringeres als eines der heißesten Eisen, den toten Zahn. Dieses Buch ist keine Pro- und Contra-Abhandlung zu dieser Thematik, vielmehr wollen wir uns die Symbolik erarbeiten. Die im zahnärztlichen und volkstümlichen Sprachgebrauch verwandten Schlagwörter wie abtöten, devitalisieren, wurzelbehandeln haben ein Ziel: Den Zahn von seinem zumeist in höchste Erregung versetzten Leben (Fachjargon: akute Entzündung) zu befreien oder den stillschweigenden resignativen Abgang der Vitalität weiterzubehandeln. Zurück bleibt ein Torso ohne Leben, eine Hülle ohne In-halt, eine tote Insel im Meer des Lebens. In unserer Sprache der Bilder klingt es besonders plastisch: Da vegetiert eine Venus leblos-spröde und ohne Anmut dahin. Einem wilden marsischen Gesellen ist das Feuer des ungestümen Tatendrangs erloschen. Der agile Merkur dümpelt träge-desinteressiert im Zahn-Konvoi einher. Sie alle sind ein Schatten ihrer selbst geworden und verbreiten Mißmut in Form von Toxinen um sich herum. Das frohe Team der jeweils vierzehn- bis sechzehnköpfigen Truppe der beiden Kiefer hat ein paar Versager in seinen Reihen.

Jeder tote Zahn ist ein vom Leben abgelöstes Gebilde, dessen Innerstes durch eine körperfremde Substanz gefüllt ist, eine Hülle ohne Vitalität, eine Mumie.

Es drängt sich nachgerade der Vergleich mit einem ägyptischen Sarkophag auf: Außen der mineralisch-harte Stein und innen das ehemals Lebendige. Ein Mensch mit avitalen Zähnen ist demzufolge ein wandelnder Sarkophag-Träger. Noch augenfälliger wird die Symbolik, sobald wir das griechische Wort Sarkophag übersetzen. Die meisten denken an Sarg (was auch stimmt) oder Einbalsamierung. Wörtlich bedeutet es aber Fleisch-Fresser. Und in der Tat, das kann man den toten Zähnen mit Recht nachsagen: Sie nagen an Fleisch, an der Substanz, an der Kraft, an der Energie! Von diesen Gesundheitsknebeln befreite Patienten schildern ihre subjektiven Empfindungen nicht immer, aber häufig so: Mir ist, als wäre eine Zentner-Last von den Schultern genommen; oder: Ich fühle mich viel freier und vitaler. Und niemand anders kann dieses Gefühl des Ballast-Abwerfens besser verstehen, als jemand, dem ein ähnliches Geschick widerfahren ist.

Flink und beweglich wie Hermes / Merkur ist das zu ihm gehörende Metall, das Quecksilber. Im Wort steckt bereits die Bedeutung: Queck gleich quick gleich schnell und Silber vom silbrigen Glanz. Das wissenschaftliche Wort Hydrargyrum (Abkürzung des Elementes: Hg) ist dem Griechischen entlehnt und kann mit Silber-Wasser übersetzt werden. Das lateinische Wort Mercurius, das auch fast ausschließlich im homöopathischen Sprachgebrauch verwendet wird, stammt vom römischen Hermes-Nachfolger ab. Gießt man ein wenig von diesem flüssigen Metall in eine Schale mit ebenem Boden und bewegt sie hin und her, so sieht man, wie quirlig und alert die einzelnen sich bildenden Kugeln hin- und herrollen, bei Widerstand sich zerteilen, oder, wieder bei Berührung, sich zu größeren Elementen zusammenschließen.

Bemerkenswertes zum Quecksilber: Es ist das einzige Metall, das bei Zimmertemperatur flüssig ist. Erst bei -39 Celsius geht es in einen festen Zustand über.

In früherer Zeit wurde Quecksilber als Medikament verwandt, wegen seiner starken Nebenwirkung ging man wieder davon ab.

Der heilkundliche Einsatz des homöopathisierten Metalles und seiner Salze zielt auf Störungen des Bereiches, den sein Namensgeber Merkur / Hermes so hervorragend darstellt: Kontakt, Kommunikation, Gewandtheit, geistige Regsamkeit, Interesse. Eines der wichtigsten Mittel menschlichen In-Verbindung-Tretens ist sein Sprachorgan. Es gibt Mitmenschen, die Fluchtgedanken aufkommen lassen, wenn man nur ihre Stimme hört. Andere hingegen machen das Beisammensein durch ihre wohlklingende Sprache zu einer angenehmen Kurzweil.

Störungen in diesem ein- oder zweiseitigen Gedankenaustausch können sein: Halsschmerzen, Mandelvereiterungen, Kehlkopfentzündungen und Erkrankungen der Atemwege. In all diesen Fällen kann Mercurius als homöopathisches Prinzip sinnvoll und hilfreich eingesetzt werden, um den Strom der Worte wieder ins Fließen zu bringen. Der Atem-Austausch in der Lunge kann gefördert werden. Ferner wird die körpereigene Gewebs-Müllabfuhr, das Lymphsystem und die Lymphknoten, von Mercurius günstig beeinflußt. Aus der Irisdiagnose wissen wir, daß besonders Menschen mit blauen Augen Mercurius-Präparate als Konstitutionsmittel benötigen.

Neben den Atemorganen ist besonders das Nervensystem eines der korporalen Ausdrucksprinzipien des Hermes, werden doch über diese Kommunikationsnetze Informationen weitergeleitet. So hilfreich das potenzierte Quecksilber bei nervalen Störungen sein kann, so giftig wirkt es in seiner Reinform oder als Salz auf unser körpereigenes Telefonnetz.

Vor vielen Jahren sagte mir einmal ein von mir sehr geschätzter Kollege am Telefon folgendes: In der Statistik gehe die Zunahme der Multiplen Sklerose (abgekürzt: MS) Hand in Hand mit der Zunahme des Amalgam-Verbrauchs einher.

Inzwischen kann ich eines bestätigen: Bei allen MS-Kranken, die ich in den letzten Jahren in meiner Praxis gesehen habe, war immer eine massive Amalgam-Belastung durch eine große Anzahl von Füllungen feststellbar.

Amalgam ist ein Gemisch aus Quecksilber, Silber, Zinn, Zink, Kupfer und einigen Spurenelementen. Die wissenschaftliche Zahnmedizin behauptet: Amalgam sei als Füllungsmaterial unbedenklich und unschädlich. Diesen Statements kann ich mich beim besten Willen nicht mehr anschließen. Zu oft habe ich in den letzten Jahren erlebt, wie sich eine Reihe von bis dahin nicht erklärlichen Symptomen in Wohlgefallen auflösten, nachdem das Amalgam aus dem Mund entfernt war. Vielleicht sollte man den unverbesserlichen Amalgam-Unschädlichkeits-Verfechtern mal eine Prise Mercurius solubilis als Hochpotenz zukommen lassen, um ihre geistige Regsamkeit zu aktivieren.

Betrachten wir die Problematik nun aus einer anderen Perspektive. Jede Therapie, ob nützlich oder schädlich, ist eine Ausdrucksform ihrer Zeit. Das Hermes-Symbol steht für geistige Beweglichkeit im Sinne von intellektueller Auffassungs- und Mitteilungsgabe. Das Emotionale bleibt ein wenig im Hintergrund und findet nicht die gebührliche Beachtung. Ratio ist Trumpf, das Irrationale ist suspekt. Würde der Mensch wenigstens ab und zu seine gesamte Ausdrucksweise und sein spontanes Handeln einer kritischen Betrachtung unterziehen, so würde er spüren, daß vieles in seinem Leben irrational, also nicht vernunftmäßig begründbar, durchsetzt ist. Er klopft dreimal auf Holz, geht abends nicht gern auf den Friedhof, spricht vom Sonnen-Auf-Gang usw. - die Liste ließe sich mit Sicherheit noch ausbauen. Wenn Emotionales und Unvernünftiges häufig abgewiesen wird, so deswegen, weil es nicht meß- und wiegbar und damit für die Ratio, die Vernunft, nicht einkalkulierbar ist.

Die intellektuelle Hoch-Zeit spiegelt sich in der Zahnmedizin wieder, indem das Material des Mercurius, das Quecksilber, tonnenweise verwendet wird und durch seine Grobform in uns den Zugang zu unbewußten Themenbereichen, die nicht selten über von uns nicht vernunftmäßig erklärbare Wege einen Ausbruchsversuch starten, verdunkelt. Ein nervöser, hektischer, unruhiger, unkonzentrierter Mensch ist kaum in der Lage, in sich zu gehen und auf seine innere Stimme zu lauschen.

So gesehen kann vielleicht der Gott mit dem Hermesstab in seiner homöopathisierten Form zum Heilmittel werden, um dieser Zeit mit ihren Passagieren wieder das Tor zu allen Wesens-Bereichen menschlichen So-Seins zu öffnen.

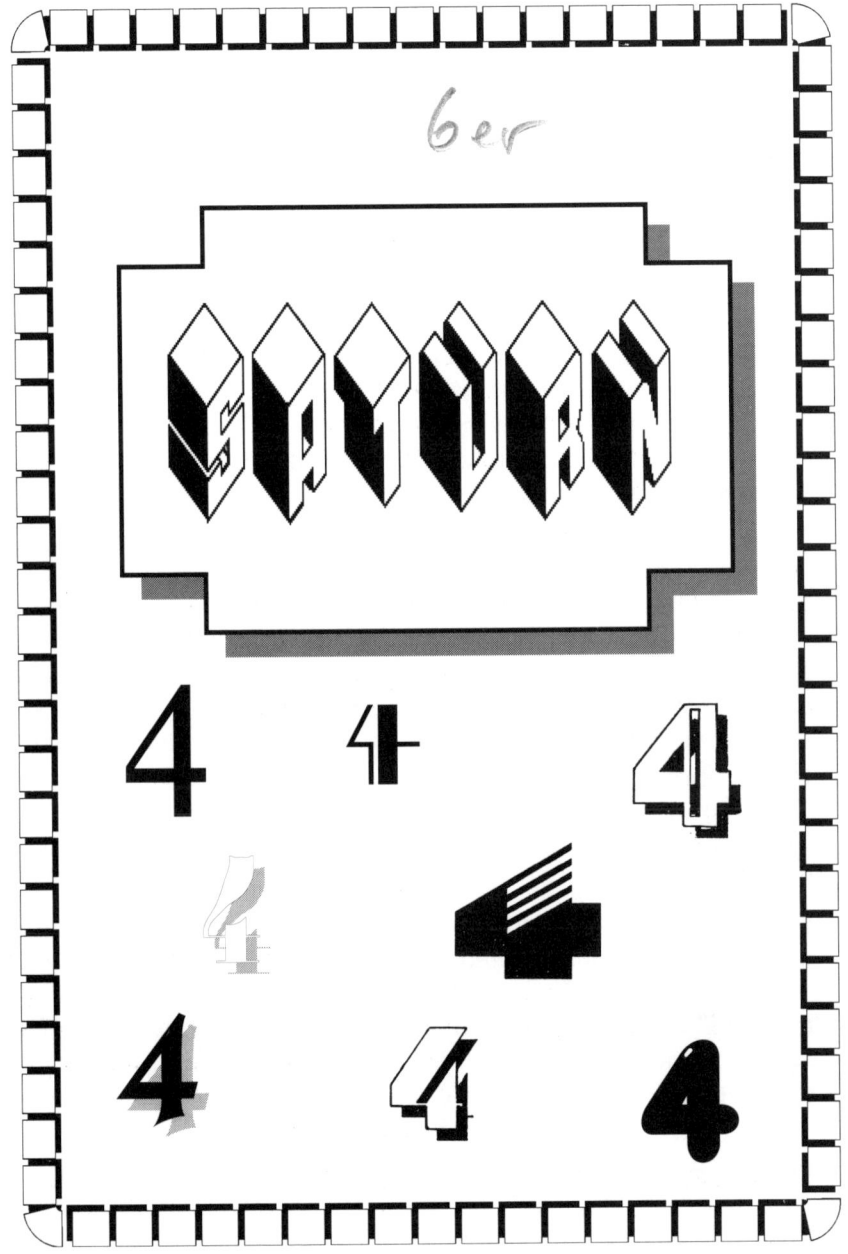

6er

Astronomisches

In Gedankenschnelle verlassen wir nun den Merkur in der tosenden Glut seiner Sonnennähe und gelangen weiter draußen in kühlere, dunklere Gefilde. Dabei durchqueren wir die Bahnen von Venus, Erde, Mars, Jupiter sowie den zwischen Mars und Jupiter gelegenen Gürtel der Asteroiden, einer kreisförmigen Anordnung riesiger Gesteinstrümmer, deren auffälligste, Ceres, Vesta, Juno und Pallas, sich in Größenordnungen von rund 400 km Durchmesser bewegen.

Unser Ziel ist eines der schönsten Objekte des uns bekannten Sternhimmels und zugleich der letzte der bereits im Altertum bekannten Planeten: Saturn. Der ihn umgebende Ring ist in seiner Ausgeprägtheit und Größe einmalig in unserem Sonnensystem. In den Jahren 1609/1610 richtete erstmals Galilei sein nur 32fach vergrößerndes Fernrohr auf diesen Planeten. Unklar, verschwommen glaubte er drei Planeten nebeneinander zu sehen. Erst Huygens erkannte 1655 mit einem besseren Fernrohr die den Planeten umgebende Ringstruktur. Die Astronomen fanden immer neue Details mit ihren immer größer und stärker werdenden Teleskopen.

Das Jahr 1980 brachte die große Sensation: Nach der Erkundung des Jupiter-Systems funkten die Zwillingssonden Voyager 1 und 2 nach dreijähriger Reise Aufnahmen von faszinierender Schönheit zur Erde. Das Ringsystem erwies sich als wesentlich komplexer; nicht neun Ringe, wie bis dahin angenommen, umrunden den Saturn, sondern tausende, in denen sich weiterhin Kleinstmonde, sogenannte moonlets befinden.

Die außergewöhnliche Erscheinung der Ringe, die sich besonders im durchscheinenden Hell der Sonne in seiner grandiosen Einmaligkeit offenbart, lenkt fast von der Betrachtung des Planeten selbst ab. In eineinhalb Milliarden Kilometer Entfernung umrundet er in 29,5 Jahren unser Zentralgestirn. In rasender Geschwindigkeit von rund zehneinhalb Stunden rotiert der riesige Gasball einmal um sich selbst, so daß der Durchmesser am Äquator mit rund 120.000 km (zum Vergleich die Erde: 12.800 km) etwa 20.000 km größer ist, als der Poldurchmesser. Wolkige Zonen mit wirbeligen Strukturen verwehren den Blick auf eine unbekannte Oberfläche. Angeblich herrschen Windgeschwindigkeiten bis zu 1800 Kilometern in der Stunde. Die Atmosphäre besteht vermutlich aus Wasserstoff und Methan. Im Gegensatz zu den inneren Planeten erfreut sich Saturn einer ganzen Schar von Trabanten. Bis zur spektakulären Annäherung der Voyager-Sonden waren zehn Monde bekannt, inzwischen hat sich die Zahl auf sechzehn erhöht. Einem hypothetischen, schauenden Bewohner von Saturn böte sich demzufolge am dunklen Nachthimmel ein unüberbietbares Spektakulum: Ein leuchtender heller radförmiger Ring, geschmückt von Monden verschiedener Größe.

Titan, dem größten Mond des Saturn, gilt schon lange das Interesse der Forscher. Nach Ganymed und vor Kallisto, den größten Begleitern Jupiters, gehört er mit rund 5.100 km Durchmesser zu den voluminösesten Trabanten unseres Sonnensystems. Aber das ist es nicht, was ihn so attraktiv macht. Außer dem Neptunmond Triton ist er der einzige Mond mit einer Atmosphäre, die aus Stickstoff, Argon und Methan besteht. Wissenschaftler träumen schon von einer Expedition zum Titan und der Errichtung einer Station auf dessen Oberfläche. Was heute noch wie Phantasie klingt, mag vielleicht irgendwann einmal Realität werden. Menschliche Neugier war immer bereits die Triebfeder des Aufbruchs zu neuen Ufern. Eines ist jedoch mit Sicherheit gewiß: Hatten die Forscher damals nach der Landung auf unserem Mond gehofft, den Geheimnissen unseres Universums näher zu kommen, so wird jeder weitere Schritt hinaus in die Weite die Fragen nach Sinn und Herkunft nicht lösen, sondern die Zahl der Geheimnisse nur noch vergrößern.

Ebensowenig, wie man das Wesen unseres Gehirns durch anatomische und physiologische Untersuchungen klären kann, ist das Schicksal unseres Weltalls, sein Woher und Wohin durch bemannte und unbemannte Raumfahrt in die nähere Umgebung unseres Heimatplaneten zu klären. Wenn der Wissenschaftler mit dem Versuch, eine Frage zu beantworten, zehn neue Fragen kreiert, ist es an der Zeit, dieses Problem in die Hände des Philosophen zu legen.

Mythologisches

Kronos ist der jüngste der sechs Söhne, die Gaia dem Uranos gebar. Zur Schar der Titanen, wie sie genannt wurden, gehörten noch sechs Schwestern. In Anbetracht der größeren und (wahrscheinlich) stärkeren Brüder, brannte er besonders darauf, seinen Mut unter Beweis zu stellen. Als Mutter Gaia der nächtlichen Umarmung ihres despotischen männlichen Partners überdrüssig wurde und ob der unter die Erde verbannten Ungeheuer zornig aufwallte, versuchte sie ihre Söhne für ein Komplott gegen den ungeliebten Erzeuger zu gewinnen. Kronos erklärte sich zur Tat bereit, legte sich auf die nächtliche Lauer und hieb mit der eigens von der Mutter bereitgestellten Sichel dem Vater die Männlichkeit ab.

Gaia fängt die Blutstropfen auf. Daraus entstanden die drei Erinyen, die antiken Rachegöttinnen. Das beste an diesem Familiendrama ist wohl die Entstehung der Aphrodite, doch darauf bin ich bereits in dem ihr gewidmeten Kapitel eingegangen. Der gestürzte Uranus offenbarte seinem Sohn ein ähnliches Schicksal: Auch er werde dereinst von einem seiner Kinder aus Amt und Würden gestoßen werden. Um erst einmal Kinder zu bekommen, bedurfte es eines geeigneten Partners. Viel Auswahl gab es nicht und so ehelichte Kronos seine Schwester Rhea. Außer ihm gingen noch zwei seiner Brüder die Ehe mit ihren Schwestern ein, einer davon war Hyperion, der die Titanin Theia zur Frau nahm und mit den Kindern Helios (Sonne), Selene (Mond) und Eos (Morgenröte) den Götterkindergarten bereicherte.

Anzufügen wäre noch die soziale Ader der Titanen: Kaum hatte Uranus fluchend-flüchtend sich von Gaia abgewandt, befreiten seine Kinder, die Titanen, ihre Geschwister, die einarmigen Kyklopen aus den finsteren Verliesen des Tartaros.

Man beschließt, Kronos zum Herren über die Welt zu machen. Kaum hatte Kronos den Duft der Macht geschnuppert, kommt seine wahre Natur zum Vorschein.

So wie heute fähige und unfähige Politiker an ihren Sesseln kleben und sich vehement gegen die Aufmüpfigen wehren, die da mit der Säge am Stuhlbein arbeiten könnten, gebärt sich in grauer Götter-Vorzeit auch Kronos. Nach kurzem Urlaub aus der Haft verbannt er die Kyklopen wieder in die Unterwelt. Seine Furcht, ein ähnliches Schicksal wie Uranus zu erleiden, nimmt groteske Züge an. Alljährlich bringt Rhea Kinder zur Welt und anstatt nun Vaterstolz zu zeigen, verschlingt Kronos nacheinander die Neugeborenen, fünf an der Zahl, nämlich Hestia, Demeter, Hera, Hades und Poseidon. Als Rhea nun das sechste Mal schwanger war und den zukünftigen Göttervater Zeus unter ihrem Herzen trug, wandte sie sich ratsuchend an Mutter und Vater. Gemeinsam ersann man eine List: Nach der Geburt versteckte Gaia den Neugeborenen in einer Höhle. Dem mißtrauischen Kronos überreichte sie einen in Windeln gewickelten Stein, den der Rabenvater sogleich verschlang.

Doch es kam, wie es kommen mußte: Zum „Manne" herangereift, revoltierte Zeus gegen seinen kannibalischen Vater. Ebenso, wie in vielen herkömmlichen Familien unserer und früherer Zeit, verbündeten sich Mutter und Sohn, um Kronos zu entmachten. Mit weiblicher List führt Rhea ihren Sohn als Mundschenk in die arg dezimierte Familie ein. Arglos schlürft Kronos seinen Trank, dem so einiges beigemischt wurde. Ein gewaltiger Brechreiz überkommt ihn: Der zuletzt verschlungene Stein kommt zurück ans Tageslicht, ihm folgen die am Leben gebliebenen Geschwister des Zeus.

Es folgten zehn Jahre andauernder Götter- und Titanenkämpfe, bis es Zeus und seinen Mitolympiern gelang, den Widerstand der alten Göttergarde zu brechen.

Über das weitere Schicksal Kronos' gibt es mehrere Versionen: Da wir den Mythos nicht mit real-geschichtlichen Maßstäben messen können und dürfen, sind alle sowohl richtig als auch nicht richtig. Dem ersten On-dit zufolge soll Kronos zusammen mit seinen Mit-Titanen gefesselt in der dunklen Tiefe des Tartaros sein Leben fristen. Die zweite Variante spricht von einer „Verbannung" auf die Insel der Seligen am äußersten Rand der Erde. Eine weitere Sage berichtet von seiner Flucht ins frührömische Latium, deren Einwohner durch ihn in vielerlei Disziplinen erzogen werden.

Wie das Schicksal des Kronos / Saturn auch sein mag, seine (mythologische) Ära ist vergangen. Sein Sohn Zeus regiert augenscheinlich noch immer im Olymp, denn von keiner offiziellen oder nichtoffiziellen Seite ist bislang von seiner Ablösung oder Abdankung berichtet worden. Zwar hat die Kirche versucht, ihm und seinen Mitolympiern den Garaus zu machen, aber, wie wir wissen, lebt seine Symbolgestalt noch immer in den mantischen Systemen der westlichen Kultur, so zum Beispiel in der Astrologie.

Kronos heißt auf griechisch Zeit. Und so ist der Vater der Olympier zum Sinnbild des ständig dahinströmenden, unbeirrbaren, nicht beeinflußbaren Zeitstromes geworden, dem alles, was Form hat, unterliegt.

Nun mag der physikalisch Gebildete sein formel- und gedankenschweres Haupt wiegen und auf die Einstein'schen Relativitätstheorien hinweisen. Da ist von Zeitdehnung oder Relativität der Zeit die Rede. Die Science-Fiction-Literatur, die zumeist profanbanale literarische Spielwiese verhinderter Astrophysiker, nahm sich dieser Ideen spontan an. Sie, verehrte(r) Leser(in), kennen sicher derartige Beispiele: Ein Astronaut (diesmal ein wirklicher, nicht nur so ein Erdumkreiser oder Lunanaut) macht sich auf die große Reise zu einem der nachbarlichen Geschwister unserer Sonne - nehmen wir die Sirius, sie ist so schön am Nachthimmel zu sehen und außerdem „nur" zehn Lichtjahre entfernt. Einem herzzerreißenden Abschied von Frau und Kindern folgt die Reise mit Nahezu-Lichtgeschwindigkeit - vorausgesetzt dies wäre möglich. Nachdem er erfolgreich von dem langen Flug zurückgekehrt ist, erwartet ihn eine leicht veränderte Welt. Er selbst, kaum gealtert, trifft vor seinem Haus zwei würdige ältere Herren, die sich als seine Söhne entpuppen.

Bei dieser gewiß beeindruckenden Gedankeninszenierung ist allerdings etwas unberücksichtigt geblieben - und damit sind wir wieder beim Thema Chronos. Es ist die Form, die Materie. Um Materie bis auf Lichtgeschwindigkeit zu beschleunigen, ist ungeheure Energie notwendig. Zudem bewegt sich die Masse der Materie asymptotisch auf unendlich zu, während der Raum unendlich klein wird. Ein Paradoxon, vor dem unser kleines, normalen Zeitabläufen unterliegendes Gehirn einfach kapituliert.

Denn alles, was besteht, ist wert, daß es zugrunde geht, so ein Satz aus Goethes Faust. Alle Formen, alles Materielle ist endlich. Daher wird Chronos häufig als alter Mann mit der Hippe (Sense) und der Sanduhr in den Händen dargestellt, das Symbol für den Tod, in unserer Sprache auch als Sensenmann apostrophiert.

Kronos, Chronos oder Saturn wird als Symbol des Vergänglichen verstanden, dem alles Materielle unterliegt. Er ist die Begrenzung und das Ende (und der Anfang!). Für die Menschen hat dieses Zeichen seit jeher etwas Unheimliches und Bedrohliches, weil Chronos unvorhergesehen und scheinbar willkürlich in das Leben des Einzelnen einbricht, Leid und Trauer mit sich bringend. Aus der normalen Anschauung sicher eine verständliche Haltung, da das Leben als einmaliger Auftritt auf der Bühne der Form angesehen wird.

Erweitert man hingegen seine enge Sicht um den Gedanken der Reinkarnation, erhält Chronos ein gänzlich anderes Gewicht. Rein-karnation bedeutet wieder-ins-Fleisch-einkehren. Ein immaterielles, nicht faßbares Prinzip, wir wollen es nach alter Tradition „Seele" nennen, benutzt einen materiellen Körper, um hier auf Erden einen Lern- und Bewußtseinsprozeß zu durchlaufen. Am Ende der einzelnen Reise wird diese Form (der Körper) wie ein altes Gewand wieder abgelegt. Mutter Erde erhält ihre Leihgabe, denn jedes Atom stammt schließlich von ihr, wieder zurück. So durchläuft jede Seele unzählige Inkarnationen in einer sich verändernden Form. Der dahinterliegende Weltenplan, der Sinn dieser unendlich langen Reise, kann vom Menschen nur tief im Inneren erahnt und von der Religion annähernd beantwortet werden.

Für die Änderung der Form hat die Naturwissenschaft das Wort Evolution gefunden, auf deutsch: stetig fortschreitende Entwicklung. Es mag bitter klingen, aber das Sterben des Individuums ist notwendig für diese Evolution. Somit erweist sich das Prinzip Chronos als unerläßlich für die Entwicklung von Neuem. Nur, wenn Altes, Erstarrtes den Platz freimacht, kann Wachstum und Evolution stattfinden.

Der uralte Menschheitstraum der Unsterblichkeit wird also in der körperlichen Hülle nie Wirklichkeit werden, da er gegen das Gesetz der Schöpfung verstößt.

Wäre nicht auf dieser Erde - und wahrscheinlich auch Millionen anderer Himmelskörper in einer den dortigen Bedingungen entsprechenden Weise - von Anfang an eine gestalterische Kraft tätig gewesen, die einen selektiven Innovationsdrang besaß - die Wissenschaft nennt es so lapidar Gen-Mutation -, hätten sich nie Amino-Säuren zu ersten Lebensbausteinen zusammengefunden oder gar jemals der heutige Mensch, nicht als Krone der Schöpfung, sondern als Bindeglied für das Morgen, entwickeln können.

Ein Zufallsprinzip - wie nüchtern-kalte Wissenschaftler es gern hätten - wäre in dieser relativ kurzen Zeitspanne nie bis zum Menschen gelangt.

Das Chronos-Symbol erscheint nach diesen Betrachtungen unter einem gänzlich anderen Licht. Der Mensch sieht nur die eine Seite: Werden, um zu sterben. Wir müssen diese Aussage erweitern: Sterben, um zu werden. Und lassen Sie mich diese Ausführungen zu einem Satz komprimieren: Werden und Sterben, Sterben und Werden, um irgendwann einmal zu Sein. Fassen wir die

Symbolik des Chronos / Saturn noch einmal zusammen: Er versinnbildlicht Härte, Struktur, Sprödes, Ordnung, Alter, Vergänglichkeit, das Brüchige, kurzum eine Daseinsform auf Abruf. Es ist der Krückstock, auf den sich der alte Mensch stützt; Bestandteil des Rätsels der Sphinx, das lautet: Was läuft erst auf vier Beinen, dann auf zwei und schließlich auf drei Beinen? Ein Rückblick auf die neuere Geschichte zeigt einen typischen saturninen Menschen. Es war Konrad Adenauer, der eigentlich in seinen jüngeren Jahren schon immer irgendwie alt aussah, als hätte er nie eine Jugend gehabt. In einer Zeit, in der die meisten Menschen einer - leider häufig sinnentleerten - Altersruhepause zustreben, oder sich bereits im Involutionsprozeß befanden, begann Adenauer die Geschicke einer daniederliegenden Nation zu leiten. Er war kein großer Rhetoriker, aber er verstand in einfachen, jedermann verständlichen Strukturen zu reden. Saturn-Typen laufen häufig in der zweiten Lebenshälfte erst zu ihrer Hoch-Form auf. Typisch saturnin war sein Gesicht im hohen Alter, mit den knochigen Wangen und der nach unten spitz zulaufenden Form.

Abschließend sei auf eine symbolträchtige Handlung des Kronos verwiesen, die Goya in seinem Gemälde „Saturn frißt seine Kinder" treffend-urwüchsig-mystisch veranschaulicht hat. Allegorisch, so sagten wir, ist Kronos die Zeit: Die Zeit frißt ihre eigenen Kinder. Alles, was in der Zeit und durch die Zeit hervorgebracht wird, wird von ihr wieder eingefordert und vergeht. Solange es Zeit gibt, ist das Prinzip der Vergänglichkeit unauflösbar in sie eingewebt. Große Reiche des Altertums blühten und vergingen, das römische Imperium schien rings um das Mittelmeer für die Dauer eingerichtet - es ist Historie geworden. Ein aufgeblasener, faschistischer Diktator beschwor noch einmal das Mare nostrum - nicht lange, dann fegte ihn die Zeit hinweg. Das Tausendjährige Reich - ganze zwölf Jahre hat es gedauert.

Eines der modernen, saturninen Symbole für Abgrenzung in Beton war die Berliner Mauer - noch im Jahre 1989 gab ihr Honecker eine fünfzig- bis hundertjährige Lebensdauer - die Zeitläufte brachte sie zum Wanken.

Die Zeit verschlingt ihre eigenen Geschöpfe.

Saturn und seine Zähne

Härte, Struktur und Abgrenzung, so sagten wir, sind Zeichen des Saturn. Im Körper sind es daher alle stützenden und abgrenzenden Gewebe, dazu zählen Knochen und Haut. Das härteste Gewebe, die Zähne, haben wir in seiner marsischen Ausdrucksform bereits kennen gelernt. Strukturell unterstehen die Zähne jedoch dem Prinzip Saturn. Schmelz ist mit Abstand die härteste Substanz im Körper, das darunterliegende Dentin ist wesentlich weicher. Bei soviel Härte drängt sich die fast kindlich anmutende Frage auf: Müßte nicht soviel Härte von Bestand sein? Eine Stip-Visite in eine zahnärztliche Praxis läßt diese Illusion schnell wie eine übergroße Seifenblase platzen. Karies, Füllungen, Lücken, Kronen, Brücken sprechen eine deutliche Sprache.

Woran liegt das? Wie kann Karies, auf deutsch Zahnfäule, eine so harte Substanz auflösen? Warum sind es gerade der Zucker und die Süßigkeiten, die eine derart verheerende Wirkung haben? Die naturwissenschaftliche Zahnmedizin spricht von Fluormangel und dadurch fehlender Schmelzhärte, worauf dubiose Fluoridierungskampagnen folgten. Mikroorganismen des Mundes, wissenschaftlich Streptococcus mutans, spalten die Zuckermoleküle und die entstehenden Säuren greifen den Zahnschmelz an.

Das mag auf der materiellen Ebene richtig sein, aber wie alles Sichtbare nur ein Gleichnis ist, wird auch eine Zahnfäule der Ausdruck von etwas Dahinterliegendem sein. Die folgenden Erklärungen sind ein Versuch, dieses Problem aus einer Gesamtschau zu sehen.

Aus den Märchen und Sagen wissen wir um die Metamorphose hartherziger Menschen durch die Macht der Liebe. Liebe in ihrer wahren, alles annehmenden Gestalt bringt die härtesten Strukturen und die stärksten Gegner zum Erliegen. Ein wunderbares Beispiel ist der märchenhafte Film „Krull", der uns den Sieg der Liebe über die Macht der Finsternis in dramatischen Bildern vor Augen führt. Weiterhin ist uns bekannt: Zucker ist Liebesersatz. Menschen, denen Zuneigung und menschliche Wärme fehlten, greifen zu süßen Dingen, um ihre Sehnsucht nach Liebe auf einer niederen, körperlichen Ebene scheinbar zu erfüllen. Die Suche wird zur Sucht, zur Nasch-Sucht mit allen ihren organischen Folgen.

Dieser Liebes-Ersatz, das Nasch-Werk, bewegt und beeinträchtigt auf einer körperlichen Ebene tatsächlich Hartes, nämlich den Schmelz. - Wie es die oft mehrdeutige Sprache so herrlich offenbart, er schmilzt im wahrsten Sinne des Wortes ob des Pseudo-Liebeswerbens dahin. Nicht das harte Herz wird bewegt, sondern nur harte Strukturen.

Die Zahnfäule (gestatten Sie mir bitte dieses so altmodisch klingende Wort, aber in diesem deutschen Begriff kommt die inhaltliche Bedeutung besser zur Geltung) wird somit zum Zeichen nicht gelebter Liebe im Geben und Nehmen, im Schenken und Erhalten. Mütter, die ihren Kindern zuwenig oder keine Nestwärme zu geben vermögen, schenken ihren Kindern - quasi als Trostpflaster oder Surrogat - Bonbons und Schokolade. Großeltern versuchen, sich die Zuneigung der Kleinen durch ähnliche Aktionen zu erkaufen. Hält man die Augen auf, so erblickt man diese Analogien überall.

Wie einfallslos ist unter Heranziehung dieser Erkenntnisse doch die monomane Fluorverabreichung!

Als Urprinzip hat auch der Saturn seine Vertreter im oralen Bereich. Wir treten nunmehr aus dem Bereich des direkt Sichtbaren in dunklere Gefilde. Es ist der obere und untere Sechser, der erste bleibende Backenzahn, der zur eigentlichen saturninen Symbolkette gehört. Einem Riesengebilde gleich bricht er hinter den zierlichen Milchzähnen im kindlichen Alter von fünf bis sechs Jahren in die Mundhöhle durch und beendet mit seinem Erscheinen unwiederbringlich die selige, sorglose Kindheit mit ihrer Unbefangenheit und ihren Phantasien. Das Erwachsen-Werden klopft unüberhörbar an die Pforte der kindlichen Welt. In die Sphäre der Zeit-Unabhängigkeit und Ungebundenheit, des Nicht-Verpflichtet-Seins dringt die intellektuelle Welt mit Forderungen nach Pünktlichkeit und Lernen in der Schule.

Die bisherigen Autoritäten, Mutter, Vater, vielleicht noch Großeltern oder ältere Geschwister, erhalten Konkurrenz: Lehrer und Erzieher tragen ihre Ideen in die Gedankenwelt der Kinder hinein. Ein Teil des Lebensbereiches spielt sich nunmehr außerhalb der Kenntnisnahme der Eltern ab. Die ersten Schritte in die - notwendige - Selbständigkeit werden getan.

Man nennt Saturn auch den Hüter der Schwelle. Diese Bezeichnung entstammt der Zeit vor der Entdeckung des Uranus, als der Saturn der letzte mit bloßem Auge sichtbare und damit bekannte Planet war. Dahinter begann die Zone des Unbekannten und Nichtfaßbaren.Daraus resultiert ein zweiter Zusatz des Ringplaneten: Hüter der Wirklichkeit. Die moderne Sprache geht ein wenig salopp mit Begriffen um. Man wirft Realität und Wirklichkeit in einen Topf. Real ist alles, was der Mensch sehen, anfassen und damit bedingt begreifen kann. Das Wirkliche, das - wie der Name schon sagt - was wirkt, hat keinen Namen, es ist das, was hinter den Dingen steht. Wir können es nur vage umschreiben als das Numinose, den Schöpfungsplan oder wie immer man es nennen will.

Nur wer es vermag, ein wenig die Gesetzmäßigkeiten (Saturn!) des Lebens zu durchschauen, dem erlaubt der Hüter der Wirklichkeit einen Blick in die Bereiche jenseits von Zahl und Maß. Das war der Sinn der früheren Mysterien-Schulungen, die dem Adepten auf einem harten Weg das Hintergründige näher bringen wollten.

Nach dem fünften bis sechsten Lebensjahr, wenn die Sechser als eigentliche Symbole des Saturninen aus dem Kiefer ans Tageslicht drängen, erlischt im Kind langsam der intuitive und natürliche Zugang zu jener Welt des Wirklichen, in die es bislang eingebettet war. Jeder von uns hat schon einmal erlebt, wie Kinder beim Vorlesen oder der Darstellung von Märchen die Geschehnisse regelrecht mit„erleben". In ihrer heilen Welt ist noch Platz für Elfen, Kobolde, Zwerge und Riesen, bis die Erwachsenen diese Wesen ins Exil verdrängen. Der Roman „Die 3 Lichter der kleinen Veronika" von Manfred Kyber ist ein Zeugnis für diese vergangene Welt. Häufig schämen sich Kinder, über diese Erlebnisse zu sprechen, weil sie von den „klugen" Erwachsenen ausgelacht oder herablassend mitleidig behandelt werden. Aber diese Welt ist für die Entwicklung einer gesunden Psyche ebenso wichtig wie die Muttermilch. Im Erwachsenenalter sind es die Träume, die uns mit jener Welt der Wirklichkeit verbinden. Aus ihr heraus verschafft sich die Seele die Kraft, um in der Welt des Wachseins leben zu können.

Jedes Ereignis, das einen der vier ersten Backenzähne betrifft, läßt gewissermaßen Rückschlüsse auf die eben geschilderten Zusammenhänge zu.

Ein Loch im Backenzahn mit sechs Jahren ist erst einmal ein trauriges Ereignis. Kaum erschienen und schon defekt! Es gilt natürlich allgemein das weiter oben angeschnittene Thema Zuwendung und Nestwärme.

Zusätzlich kommt die spezifische Saturn-Problematik zum Tragen. Wir können es ganz einfach wortwörtlich übertragen. Das Saturnine ist durchlöchert. Die Deutung ist mehrschichtig. Zum einen kann der Schritt von der Kindheit zum Erwachsensein nicht vollzogen werden. Oder: Es fehlt der notwendige Ernst und die Strenge, die neben allem Spielerischen auch im Leben eines Kindes Platz finden muß. Das Zeitempfinden kann gestört sein, d. h. das Kind ist weder in der Lage, den Faktor Zeit in seiner neuen Umwelt zu akzeptieren noch damit umzugehen. Ein gefüllter Molar ist stets der Versuch, einen alten (vollständigen) Zustand durch Behelfsmaßnahmen vorzutäuschen. Frühzeitiger Verlust eines Sechsers kann analog interpretiert werden.

Leider sind die (meist unteren) Sechser diejenigen Zähne, die als erstes auf das Verlustkonto abgebucht werden müssen.

Aus der Akupunktur-Meridian-Lehre ist uns der resonanzkettenmäßige Zusammenhang der unteren Molaren mit dem Dickdarm bekannt. Der Mensch benötigt für seinen korporalen Aufbau die Zufuhr von Nahrungsmitteln, die primär Materie darstellen, allerdings Materie mit oder ohne Gehalt. Ist nun im Darm der Verdauungsprozeß der Materie (Saturn) gestört, ist eine Störung des Saturninen im Mund nicht auszuschließen.

Mir erscheint die Pflege der neuen Hintermannschaft außerordentlich wichtig, da sie die symbolischen Helfer für einen reibungslosen Übergang zwischen zwei Zeitphasen der Entwicklung darstellen. Probleme im späteren Jugend-Alter deuten darauf hin, daß der Träger eines Teils seiner symbolträchtigen Strukturen verlustig geht.

Entscheidend ist die Art des Verlustes. Eine notwendige Extraktion, bedingt durch eine akute Entzündung, ist anders zu bewerten, als der traurige sukzessive Abschied durch Lockerung. Eine andere Zuordnung zum saturninen Gebäude möge nicht unerwähnt bleiben: Ein wurzelbehandelter, toter unterer linker Sechser hängt energetisch mit dem Enddarm zusammen. Diese Menschen haben häufig Hämorrhoiden, Analfissuren u. ä.. Die Stuhlverstopfung auf der physisch konkreten Ebene ist ein symbolischer Ausdruck des Nicht-Hergeben-Wollens, des Haltens und zugleich ein Zeichen der Angst vor Verlust. So gehen diese Menschen durchs Leben und horten, speichern, sammeln, halten und klammern. Der Zustand des Muskels, der Körperliches wieder abgeben soll, erlaubt daher Rückschlüsse auf Beharrungs- und Kumulierungstendenzen seines Eigners, häufig verbissene und verkniffene Typen. Der Volksmund in seiner drastischen Treffsicherheit sagt deutlich: Den Arsch zusammenkneifen. Diesbezügliche Störungen zeigen sich auf allen körperlichen Ebenen.

Somit ist auf der Zahn-Ebene die Schlußfolgerung statthaft: Der linke untere Sechser ist ein Symbol des materiellen Abgebens, der finanziellen Großzügigkeit. Erstarrungen, auf deutsch: Wurzelbehandlungen im Sinne des Abtötens lebendiger Strukturen, werfen den Verdacht des Geizes und Zurückhaltens auf seinen Träger. Ähnlich saturnin-streng sind die Eigner mit den übrigen gestörten Sechsern. Nur allzuleicht stehen sie mit dem erhobenen Zeigefinger da, so quasi als Vorhut der Gesetzesmacht, wenn spielende Kinder auf einem Verbotsschild-Rasen tollen. Oder man findet sie gehäuft bei jenen abgestandenen law-and-order-Typen, die stur auf der Autobahn Tempo 80 fahren, obwohl es keinen anderen Anlaß gibt, als den, daß irgend einer beschränkten Behördenseele diese Maßregelung aus unerfindlichen Gründen als Freiheitsbeschneidung sämtlicher Mitbürger einfiel.

Homöopathie und Heilkunde

Auf der metallischen Ebene ist das Element Blei (lat.: Plumbum) dem Saturn zugeordnet. So, wie das Saturnprinzip für den Menschen etwas Bedrohliches darstellt, ist sein Repräsentant, das Blei, in all seinen Formen und Verbindungen giftig. Bereits im Altertum sprach man bei einer Bleivergiftung von Saturnismus. Hauptspeicherplatz für das Blei ist im Organismus der Knochen, also ein dem Saturnprinzip zugeordnetes Organ.

Die Tendenz zur Motorisierung und zum Zweit-, Dritt- und Viert-
wagen führt zu einer Belastung der Umwelt durch das Antiklopf-
mittel Bleitetraäthyl in den Abgasen. Wer modern und umwelt-
freundlich fahren will, kauft sich einen Wagen mit Katalysator.
Ob wir mit der Emission von Platin-Ionen so den Teufel mit dem
Beelzebub austreiben, wird - wie immer - erst später einmal fest-
gestellt werden. Im Mundbereich ist eine Bleivergiftung am sogenannten Bleisaum, einer blau-schwarzen Ablagerung von Blei-
sulfid am Zahnfleischsaum zu erkennen. Als homöopathisches
Mittel gibt es Plumbum metallicum, Plumbum acoticum und
Plumbum jodatum.

Entsprechend seiner symbolischen Zuordnung werden homöopathisch aufbereitete Mittel bei Verhärtungsprozessen, wie Arte-
riosklerose und Cerebralsklerose verabreicht. Interessant wäre
die Klärung folgender Frage: Häufig gibt es eine unvollkommene
Schmelzhärtung, sodaß den zumeist jugendlichen Patienten die
harte Substanz wie der Schnee in der Frühjahrssonne dahin-
schmilzt. Könnte homöopathisches Blei ein Mittel zur Härtung
sein?

Um das Bild des Saturn allgemein abzurunden, sei noch die Farbe
schwarz (Symbol der Trauer) erwähnt, sowie der Sonnabend, auf
englisch Saturday.

Jupiter

Astronomisches

Die Reise durch unser Planetensystem führt uns nunmehr wieder in sonnennähere Gefilde. Jupiter ist der Gigant im Orchester der neun Wandelsterne. Mit seinem leicht gelblichen Glanz ist es eines der auffallendsten Gebilde am Nachthimmel. Übertroffen wird er in seiner Strahlkraft nur von der Venus. In rund 800 Millionen Kilometer Entfernung umrundet er die Sonne in rund 12 Jahren. Mit annähernd 144.000 Kilometer Taillenweite (Erde: 12.800 km) ist er außerordentlich behende, denn in zehn Stunden dreht er sich einmal um sich selbst.

Ein Erdenmensch, dem die Schwerkraft der Erde bereits so manche Last und Qual bereitet, würde unter der 318 mal stärkeren des Jupiters regelrecht zerdrückt werden. Mit der Verbesserung der optischen Instrumente fielen den Astronomen als erstes die parallel zum Äquator ausgerichteten streifigen Strukturen des großen Planeten auf, die sich als Wolken herausstellten. Wie bei seinem Bruder Saturn (mythologisch Vater) ist der Blick auf die eigentliche Oberfläche durch die permanenten Wolkenschichten verwehrt. Ein deutlich sichtbares Objekt erregte sehr früh die Neugier und wahrscheinlich auch die Phantasie der Astronomen: Der große rote Fleck, fast 40.000 km lang und ausdehungsmäßig der gesamten Erdoberfläche gleich. Die hervorragenden Aufnahmen der Voyager-Sonden lassen zwar viele Details der Struktur erkennen, konnten aber den Schleier des Geheimnisses des Großen Roten Fleckes nicht lüften. So vermuten die Theoretiker heute dort einen gewaltigen stationären Wolkenwirbel.

Jupiter war der erste Planet, der dem menschlichen Auge eine Eigenschaft offenbarte, die zuvor ein Privileg der Erde war: Er besitzt Trabanten und davon gleich mehrere. Am 7. Januar 1610 richtete Galileo Galilei „In der ersten Stunde der Nacht" sein Fernglas auf den Riesenplaneten und erspähte neben ihm drei kleinere Sterne, denen sich wenig später ein vierter hinzugesellte.

Drei erhielten, wie könnte es anders sein, Namen aus der Freiers-
fuß-Sphäre des Zeus: Europa, Io und Kallisto. Der größte Mond,
Ganymed, verdankt seinen Namen dem Mundschenk der Olympier.

Im Laufe der Jahre bzw. Jahrhunderte kamen weitere Monde
dazu, heute kennt man insgesamt sechzehn Jupitertrabanten -
eine stattliche, dem Göttervater würdige Zahl.

Aus der jovischen Mond-Szenerie gäbe es vieles zu berichten, wir
wollen uns aber auf eine außergewöhnliche Entdeckung beschränken, die den Mond Io betrifft. Können Sie die Freude der
Astronomen ermessen, als sie erstmals auf einem Himmelskörper
außerhalb der Erde vulkanische Aktivitäten beobachten konnten? Vesuv, Ätna & Co haben extraterrestische Konkurrenz bekommen. Wie schirmförmige Fontänen erheben sich fast 300 km
hohe Rauchpilze über die Io-Oberfläche. Der pockenartige, gelb-
orange glänzende Mond ist voll von schwefliger Lava. Ein rätsel-
hafter Trabant! Immer, wenn der Mensch denkt, er habe eine Tür
zu einer Lösung und Erklärung unbekannter Phänomene aufge-
stoßen, schaut er in einen Raum voller neuer Türen mit neuen
Fragezeichen.

Wir wollen den König der Planeten nicht verlassen, ohne noch auf
eine seiner Zierden hinzuweisen. Galt bis zum Anflug der Raum-
späher Voyager 1 und 2 Saturn als alleiniger Herr der Ringe, so
mußten die Astronomen am 10. Juli 1979 eine Korrektur ihrer
Planetensicht hinnehmen. Bereits im Weiterflug zum Saturn begriffen, blickte Voyager 2 zurück zu Jupiter. Im Gegenlicht der
Sonne umspannte ein schwach glänzender Ring den gelben Riesen. Wieder ein neues Rätsel, das die Astronomen noch lange beschäftigen wird.

Mythologisches

Die Vor- und Ahnengeschichte des olympischen Herrschers
wurde bereits im Kapitel des Saturn genügend beleuchtet. Der
Ehe des Kronos mit seiner Schwester Rhea waren bereits mehrere Kinder entsprungen. Der machtbesessene Vater, ob einer
Prophezeiung mißtrauisch gestimmt, hatte sie samt und sonders
verschlungen. In einer Zeit, als Emanzipation noch ein unbe-

kanntes Wort war, beschloß Rhea voller Trauer und Ingrimm, aber mit weiblicher List, den unter ihrem Herzen heranwachsenden Zeus dem gefräßigen Vater vorzuenthalten. Der Mythos verlegt die Geburtsstätte des späteren Göttervaters in die Diktäische Grotte auf der Lassithi-Hochebene, heute eine der Touristen-Attraktionen Kretas. Dem ungeduldigen Vater präsentierte Rhea einen in Windeln gewickelten Stein, der sogleich im Schlund des nachwuchsverschlingenden Titanen verschwand. Der heranwachsende Zeus wird von der Ziege Amalthea ernährt, nach der aus berechtigter Dankbarkeit der kleine Mond benannt wurde, der Jupiter am nächsten liegt.

Um vor dem argwöhnischen, über die Lande lauschenden Kronos das Weinen des Neugeborenen zu verbergen, lärmten und tanzten die Kureten, halbgöttliche junge Männer, vor dem Versteck. Dank dieser vortrefflichen Fürsorge entwickelte sich Zeus prächtig. Und es kam, wie es bestimmt war: Zeus entthronte mit Hilfe seiner Mutter den allesverschlingenden Vater und befreite seine Geschwister, die nach und nach wieder aus dem Munde Kronos'entstiegen. Die dem Leben wiedergegebenen Geschwister Demeter, Hera, Hestia, Poseidon und Hades kürten Zeus zum Primus inter pares, und in einem die Welt zum Dröhnen bringenden Kampf gelingt der Sieg über die Titanen, bei dem die Blitze des Zeus, ein Geschenk der Kyklopen, eine entscheidende Rolle spielen.

Noch konnten sich aber die Olympier ihres Sieges über die Titanen nicht erfreuen. Die Erdmutter Gaia entbrannte in mütterlichem Zorn, schließlich waren die Titanen ihre eigenen Kinder. Da ihr ehemaliger Gefährte Uranus zeugungsunfähig geworden war, mußte ihr Bruder Tartaros dafür herhalten, um mit ihr ein wildes Ungeheuer namens Typhon in die Welt zu setzen.

Mit riesigen Händen und Füßen, flammenspeiend aus hundert Drachenhäuptern zog er wider die Olympier zu Felde. Sein gewaltiges Stimmen-Repertoire vom Bellen wie junge Hunde über löwenähnliches Gebrüll bis zum ohrenbetäubenden, schrillen Pfeifen brachen sich an den Gebirgen dieser Welt zu einer schrecklichen Kakophonie. Letztendlich obsiegte Zeus mit seiner blitzeschleudernden Faust und machte den Weg für die Alleinherrschaft der Olympier frei.

Die drei männlichen Abkömmlinge Rheas teilten die Welt unter sich auf. Poseidon erhielt das Meer, wo er in seinem Wogenpalast mit seiner schönen Gattin Amphitrite in der Tiefe der See wohnt. Hades (oder auch Pluto genannt) bekam die Unterwelt zugewiesen und Zeus wurde zum Herrscher des Himmels und damit zum „Oberbefehlshaber" der Welt. Die Griechen verlegten die Götterstätte des Zeus und seiner Mitolympier in die einsame, kaum betretene, höchste Erhebung ihrer bekannten Welt, den Olymp. Der Nachwelt bekannt und gut überliefert sind die vielen Affären und Galanterien des Göttervaters, man lächelt amüsiert über die geradezu genialen Verwandlungskünste, die ihn bei seinem „Cherchez la femme" die notwendige Annäherungshilfe leisten mußten: Tarnen und täuschen auf antik.

Die Ehe-Chroniken des Hesiods und Homers sind gänzlich verschieden, ein Umstand, der uns nicht weiter verwirren soll.

Folgen wir zuerst der Theogonie Hesiods, so war Metis (die Klugheit), die Weiseste unter den Göttern und Sterblichen, seine erste Gattin. Als Metis schwanger war, wiesen Uranos und Gaia den Zeus auf die drohende Gefahr hin: Das Kind würde die Macht des Vaters und die Weisheit der Mutter vereinen und den Vater entthronen. Unbekümmert übernahm Zeus die groben Tischmanieren seines Vaters und verschlang die werdende Mutter. Er selbst gebar das Kind: In voller Rüstung entstieg Athene als erste Kopfgeburt dem Haupte des Vaters.

Die zweite Ehepartnerin war Themis. Ihr Name bedeutet soviel wie Gesetz, oder die Unerschütterliche. Sie war Sinnbild der Ordnung und Gerechtigkeit und sollte daher eher als abstrakter Begriff für die Einkehr dieser Prinzipien in die Welt angesehen werden. Der Ehe entstammten die Horen und die Moiren. Die ersteren sind die Göttinnen der Hora, der richtigen Zeit; sie kennen weder Trug noch Täuschung und geben unbestechlich die kleinen und großen Rhythmen des Lebens und des Kosmos an. In den Moiren finden wir symbolisch die Auseinandersetzung des Menschen mit seinem Schicksal wieder. Hesiod gibt als erster im Zusammenhang mit dem „Lebensfaden" die drei Spinnerinnen, die Moirai, an. Lachesis teilt jedem Menschen ein Stück Lebensfaden zu, Klotho wickelt ihn von der großen Schicksalsrolle ab und Atropos durchtrennt ihn wieder, wenn die Stunde geschlagen hat.

Dem Mythos nach war Eurynome die dritte Frau und Mutter der Chariten (Grazien). Ihr folgte Zeus' eigene Schwester Demeter, die ihm Persephone, die spätere Gattin des Hades gebar. Nummer fünf wurde Mnemosyne (das Gedächtnis). Zur Hochzeitsfeier hält Zeus Umfrage unter den Olympiern, was ihnen denn noch fehle. „Die Rühmenden" antworteten sie unisono. Neun Nächte und Tage lang umfingen sich Mnemosyne und Zeus. Die neun Musen waren das Ergebnis der Liebesfeier - noch heute geehrt als personifizierter Ausdruck der schönen Künste. Nach einem ehelichen Intermezzo mit Leto, die ihm die Zwillinge Appollon und Artemis schenkte, landete Zeus schlußendlich bei seiner Schwestergattin Hera.

Homer hingegen erklärte Hera zur ersten Frau des Zeus. Vor ihm geboren, hatte Hera schon ein Auge auf ihn geworfen, bevor er an solche Dinge wie Ehe etc. denken konnte.

Gemessen an der großen Kinderschar, sind die Früchte der eigentlichen Ehe nicht sehr zahlreich. Ihr entstammen Ares, Hephaistos und die selten erwähnte Hebe. Es muß wohl in der Familie liegen, wenn Vater Zeus ein rechtes väterlich-liebevolles Verhältnis zu seinen Kindern nicht aufbringen konnte. Ares ist ihm zu ungestüm. Den ohnehin schon mißgestalteten Schmied Hephaistos wirft er ob dessen Parteinahme für die Mutter in hohem Bogen vom Olymp auf die Insel Lemnos, wo die Nereiden Thetis und Eurynome den physisch und nun auch psychisch Blessierten wieder hochpäppelten.

Eigentlich könnte man an dieser Stelle die iovische Tour d'amour beenden, wären da nicht noch so einige Episoden mit anderen weiblichen Wesen verschiedenster Herkunft, stets ein Grund für Hera, dem treulosen Gatten Szenen unterschiedlicher Stärke zu machen.

Eine Romanze des Göttervaters ist bereits erwähnt worden: Er verliebte sich in die Nymphe Maja und zeugte mit ihr seinen Sohn Hermes. Eine besondere Arglist zur Verfolgung seiner Wünsche wandte Zeus bei Alkmene, der Frau des Amphitryon an. Ihren Mann auf einem Kriegsfeldzug wissend, besuchte sie Zeus in Gestalt ihres Mannes. Aus dieser Liaison ging Herakles hervor, der durch seine Taten hienieden die Gesetzmäßigkeiten seines göttlichen Vaters darstellen sollte. Aus der Vielfalt der amourösen Abenteuer soll uns noch eine junge Dame beschäftigen, die unserem Erdteil seinen Namen verlieh: Europa.

Wie bei allen Mythen wird uns ein ganzer Blumenstrauß verschiedener Versionen geboten. Greifen wir nun einfach die geläufigste heraus: An den Gestaden Phöniziens herrschte dereinst einmal der König Agenor mit seiner Frau Telephassa. Eines Tages spielte ihre Tochter Europa mit ihren Freundinnen auf einer Wiese nahe der Küste des Mittelmeeres. Lachend und scherzend sprangen die Mädchen herum und pflückten Blumen. Da näherte sich Zeus in Gestalt eines herrlichen weißen Stiers der fröhlichen Schar. Sein zutrauliches Wesen ließ die jungen Damen alsbald ihre anfängliche Scheu vergessen und sie fütterten ihn mit Klee und Blumen. Alsdann kniete der Stier sich nieder und verwegen-frech setzte sich Europa als Anführerin auf seinen Rücken. Nun gab es für den Stier kein Halten mehr. Er erhob sich, trabte mit Europa auf seinem Rücken dem Meer zu, durchquerte die Fluten und erreichte auf Kreta - so die Sage - wieder festen Boden. Drei Söhne sollen dieser Verbindung entsprossen sein: Minos, Radamanthys und Sarpedon.

Der sagenhafte König Minos wurde zum Gründer der Stadt Knossos und der Begründer einer Zeit voller Frieden ohne Waffengeklirr und Festungsmauern, die ein jähes Ende - so vermutet man - bei dem Ausbruch des Vulkans auf der Insel Santorin fand.

Kreta mit seinen vielfältigen Kontakten zu Agypten und dem Zweistromland ist die früheste Hochkultur unseres Erdteils. Und folgen wir den alten Mythen, so ist der griechische Göttervater Zeus der Begründer unseres Abendlandes, dessen Wurzeln, wie die Königstochter Europa, in den Großen Reichen des Vorderen Orients fußen.

Eine Frage des Unbehagens beschleicht vielleicht den in christlich-strengen Traditionen aufgewachsenen Leser: Wie können die Griechen einen Göttervater akzeptiert haben, der in häufigen ehelichen Streitigkeiten mit seiner Gattin Hera verwickelt, ständig auf Ausschau nach den Schönen des Landes war und recht oft in das irdische Geschehen eingriff.

Die Griechen stellten sich ihren obersten Gott nicht als Geistwesen vor, sondern als jemanden, mit dem sie sich identifizieren konnten. Nur Größe, Macht und Unsterblichkeit waren die Attribute, die ihn von den Menschen unterschieden. Eingebettet in Sinnenfrohheit und Philosophie, sportlichen Wettkampf und kriegerische Taten wuchs Griechenland, befruchtet von orientalischem und kretischem Gedankengut, in die Rolle des Lehrmeisters unserer abendländischen Kultur.

Es gibt auf diesem Gebiet noch keine Literatur. So mußte ich mich in den Jahren, in denen diese Gedanken in mir heranreiften und langsam konkrete Formen annahmen, auf meine Beobachtungsgabe, auf die Aussage meiner Patienten und am meisten auf meine Intuition verlassen. Im nachhinein muß ich eines zugeben: Um die dentale Zuordnung des Zeus / Jupiter habe ich am meisten mit mir gerungen. Irgendwo hatte sich bei mir im Hinterkopf hartnäckig die Vorstellung gehalten, ein Zahn, der dem mächtigen Göttervater gewidmet sei, müsse wie dieser vor Größe und Ausstrahlung nur so strotzen.

Dabei vergaß ich eines: Die Form ist nur ein Träger bestimmter Inhalte, und wichtiger, als die bloße sichtbare Außenstruktur ist ihr Gehalt. Damit war der Weg frei für die vom Stofflichen losgelöste Interpretation. Vier der jeweils acht Zähne einer Kieferseite sind bereits von Göttergestalten symbolisch besetzt. Von den noch verbleibenden restlichen vier konnte es nur der Vierer sein. Dafür sprechen mehrere Gründe:

1. Zählt man vom sonnennächsten Merkur weiter, so ist Jupiter, wenn man unsere Erde als Betrachtungsstandort einmal wegläßt, der vierte Planet. Das erweist sich als sehr sinnvoll, da ja die sonnennächsten Planeten Merkur, Venus und Mars sich im Frontzahngebiet ihren Partner geholt haben.

2. Auf der Ebene der Symbol-Schreibweise ergibt sich ebenfalls eine verblüffende Analogie. Sind nicht das Jupiter-Zeichen und die arabische 4 einander zum Verwechseln ähnlich?

3. In vielen energetischen Zuordnungstabellen wird den Vierern und den Achtern (Zahnmedizin-Jargon: erste Prämolaren und Weisheitszähne) eine Schlüsselrolle zugewiesen. Diese rein deskriptive Verknüpfung erfährt erst dann einen tieferen Sinn, wenn wir die Ebene der Energetik verlassen und in die Ebene der Symbolik eintauchen. In meinem Archetypen-Weltbild steht dem Vierer (Jupiter-Zahn) der am Ende

der (Zahn)-Welt existierende Achter (Pluto-Zahn, siehe später) gegenüber. Diese beiden Extreme spannen unseren Kosmos auf, es sind die Pole der Welt: Himmel und Hölle, oben und unten, Zeus und Pluto, Licht und Dunkelheit, das über der Erde Liegende und das in der Tiefe Verborgene. Folglich sind diese beiden Zähne in ihrer Vielfältigkeit auch die tragenden Säulen des Organs, mit dem wir uns wahrlich durchs Leben beißen müssen. Wie ein Baldachin mit vier Pfosten spannen sie das energetische Schutzdach für unsere Zerkleinerungswerkzeuge auf.

4. Die Sequenz des Durchbruchs hat ebenfalls etwas mit der Vier zu tun: Nach den ersten Backenzähnen und den beiden Frontzähnen bricht der Vierer im Regelfall als vierter Zahn durch, fast ein halbes Jahr, bevor sein martialischer Sohn und Nachbar Mars auf der Startrampe erscheint.

Diese vier Gründe (beim Schreiben merke ich: schon wieder vier!) mögen meine Symbol-Zuordnungs-Gedanken unterstreichen, so daß Sie, verehrte(r) Leser(in), in diese Such-und-Finde-Prozesse einsteigen können.

So sitzt also Zeus / Jupiter in der Mitte und blickt nach vorn auf das Entre-Trio und weiter nach hinten, wo Neptun im Speichelsee regiert und nach ganz hinten, wo sein Bruder Pluto nicht immer seinen Blick aus den unterirdischen Gefilden erhebt. Auf der Ebene der Resonanz-Ketten ist der obere Vierer dem Dickdarm- und der untere Vierer dem Magen-Pankreas-Meridian zugeordnet.

Auf der Ebene der Symbol-Ketten stimmt diese Verbindung nur eingeschränkt. Wie so häufig werden in der Medizin bestimmte Einteilungen unkritisch abgeschrieben und weitergegeben. Auch die Zuordnung Eckzahn-Leber erscheint mir allzu oberflächlich und weicht von meinen Beobachtungen ab. Ich möchte daher an dieser Stelle die Zuordnung korrigieren: Der Mars-Zahn, der Dreier, hat eine Beziehung zur Galle (natürlich auch vice versa) und zu den sogenannten intrahepatischen Gallengängen, das sind die feinen Kanäle, die die Gallenflüssigkeit aus der Leber sammeln und in Richtung Gallenblase transportieren. Insofern hat das Sprichwort „Mir ist eine Laus über die Leber gelaufen" seine

Berechtigung. Die Leber als das große Organ der Stoffwechsel-Prozesse, der Energieproduktion, der Entgiftung und der vielen unzähligen Vorgänge, die jede Sekunde in deren Zellen ablaufen, untersteht dem Jupiter.

Um uns die Tragweite irgendwelcher Manipulationen (um Ihnen, falls Sie Zahnarzt-Täter oder Zahnarzt-Opfer sind, nicht gleich eine Gänsehaut über den Rücken zu jagen, drücke ich mich vorab vorsichtig aus) vor Augen zu führen, wollen wir uns in die Jupiter- und Leber-Symbolik einfädeln. Das oben erwähnte Wort Stoff-Wechsel wird von uns häufig gebraucht, aber selten in seiner Tragweite erkannt. Wie und wohin wechselt der Stoff? Der Mensch, sofern er nicht Kannibale ist, bedarf für seinen Aufbau und für seine vielen Helfershelfer, sprich: Enzyme, Fermente, Blutkörperchen usw. usw., der Zufuhr mineralischer, pflanzlicher und tierischer Stoffe, ganz besonders der Eiweiße. Die Grundbausteine des Eiweißes, die Aminosäuren, sind in den Pflanzen und Tieren identisch, nur die Sequenz, d. h. die Aneinanderreihung unterscheidet sich teilweise gravierend von der des menschlichen Eiweißes. Um das artfremde Eiweiß arteigen zu machen, ist eine Transformation nötig. Dies bedeutet: Die Stoffe wechseln die Ebene. Die durch den Verdauungsprozeß zerlegten Grundbausteine der Nahrung werden in dem alchemistischen Wunderlabor der Leber in menscheneigene Aminosäure-Sequenzen umgewandelt. Aus den Bausteinen der Pflanzen und Tiere werden somit im Sinne einer Höher-Transformation menschliche Bestandteile.

Das ist wiederum ein Beweis der gegenseitigen Abhängigkeit: Wir sind auf unsere „Zulieferer" angewiesen, wir verdanken ihnen alles. Auf einer geistigen Ebene symbolisiert somit die Leber die Bindung an die Quellen oder auch Rückbindung an die Urströme alles Lebendigen. Diese Einsicht in die Notwendigkeit der Achtung andersgearteter Lebewesen hat etwas mit Re-ligion zu tun. Der Schöpfer offenbart sich auch in dem geringsten und kleinsten aller Lebewesen.

Die Leber wird auf diese Weise symbolhaft zum Sinnbild der Suche nach unserer Herkunft und unserem Schicksal. Wer auf dieser Suche nach transzendenten Inhalten stehenbleibt oder scheitert, wessen Leben leer jeglicher Anklänge von wahrer Religion ist, wird allzu leicht ein Opfer der Sucht nach irgendwelchen materiellen Ersatz-Inhalten. Alkohol und Rausch-Gift sind nur zwei Formen, mit denen der Mensch glaubt, inhaltliche Leere übertünchen zu können, um irgendwann zu scheitern. Die Leber als Repräsentant der echten Re-ligion leidet am meisten - stumm, enttäuscht, klaglos, bis zur Zirrhose, der Verhärtung.

Kehren wir nach diesen Erläuterungen zu unserem Zahn zurück. Wissen wir eigentlich, was einem Kind angetan wird, wenn ihm leichtfertig - aus Platzgründen heißt es immer - ein oder mehrere Vierer gezogen werden? Wenn bestimmte Zähne im Kiefer keinen Platz finden, liegt die Vermutung nahe, daß auch bestimmte Inhalte nur schwer oder kaum ihren Platz im betreffenden Menschen finden.

Zieht man einen Zahn - auf der logisch-intellektuellen Ebene läßt sich dafür immer ein Grund finden - so fehlt diesem Menschen immer ein Teil seiner Vollständigkeit. Ob er in der Lage ist, über andere Kanäle / Ebenen zu kompensieren, ist nur schwer beantwortbar. Denkbar wäre, daß Kinder mit gezogenen Vierern eventuell schwierigen Zugang zum Thema Religion finden oder gar - ganz extrem - zu Atheisten werden.

An dieser Stelle könnte ich mir vorstellen, wie mancher Leser nachsichtig lächelnd diese Spekulation vom Tisch fegt. Dem möchte ich entgegen halten: Beim Menschen in seiner Komplexität und Vielschichtigkeit ist nichts unmöglich.

Eine weitere Assoziation zum Thema Jupiter sind Begriffe wie Glück, Großzügigkeit, Gesundheit und Heilung. In der deutschen Sprache ist Glück haben und Schwein haben dasselbe - beides Jupiter-Symbole. Und wenn man Glück gehabt hat, klopft man - toi-toi-toi - dreimal auf Holz. Könnten Ereignisse an den Jupiter-Zähnen Einschränkungen auf diesen Gebieten im Gefolge haben? Diese Fragen stehen noch ungeklärt im Raum und sind teilweise unbeantwortbar, weil niemand weiß, was geschehen wäre, wenn nicht...

Nach den Vorbetrachtungen dieses Buches wird so mancher Leser selbst analoge Zusammenhänge herstellen können: Ein toter Vierer kann beispielsweise bedeuten: Versteinerte Ideale, verkrustete Glaubensstrukturen, große Beweglichkeitseinschränkung der Hüften (Jupiter) mit Coxarthrose oder gar Kunstgelenk. Analog können Füllungen, Kronen, nicht heilende Wunden, Fehlstellungen, Frühkontakte gedeutet werden. Der Kombinationsfähigkeit, aber auch der Nachdenklichkeit des einzelnen sind keine Grenzen gesetzt.

Homöopathie und Heilkunde

Dem iovischen Prinzip ist das Metall Zinn (Stannum) zugeordnet. Früher in unserer Umwelt ein sehr gebräuchliches Metall - heute etwas in den Hintergrund getreten. Altes Zinngeschirr und zinnerne Becher weisen auf den Einsatz im Alltagsleben hin. Der Geschmackssinn untersteht nach Ansicht mancher Autoren dem Jupiter und so soll sich in dem Areal, mit dem wir die Speisen und Getränke kostend prüfen, der Zungenspitze, das meiste Zinn befinden. Zinn bewahrt anscheinend den typischen Eigengeschmack der Nahrungsmittel, daher spielt Zinn in der Konservendosen-Industrie eine große Rolle. Kupfer, das Metall der Venus, und das iovische Zinn waren in ihrer Leichtverarbeitbarkeit die Bestandteile der ersten künstlich hergestellten Legierung, der Bronze. Die ersten metallenen Waffen waren aus Bronze, bis der Mensch das marsische Metall, das Eisen, technisch in den Griff bekam. Die Bronze ist ein herrliches Symbol für die glückliche (Jupiter) Vereinigung (Venus) zweier Metalle. Weithin (Jupiter) klingend (Venus) rufen die Kirchenglocken die Gläubigen (Jupiter) zum Gottesdienst. Die Vorstellung einer barocken Kirche vermag den Gesamteindruck plastisch zu vervollständigen.

In der Homöopathie kann Stannum metallicum bei Erkrankungen der Leber verordnet werden.

Das Leitsystem von Stannum ist laut Nash die große Schwäche der Brust, sodaß der Patient vielfach kaum oder nur schwer sprechen kann. Es macht ihn niedergeschlagen. Seine Ideen und Worte können nicht in der nötigen Überzeugungskraft vorgetragen werden. Ein leiser, zaghafter Redner wird in niemandem die Funken der Begeisterung entflammen können. Neben anderen Materialien ist Zinn Bestandteil des Amalgams. Diese allopathische Zwangstherapie durch die Abgabe von Zinn aus der Amalgamlegierung zeigt sich häufig an der notwendigen homöopathischen Gabe von Stannum bei der Amalgamausleitung. Das wiederum läßt folgenden Schluß zu: Wenn das homöopathische Metall des Jupiter verabreicht werden muß, so ist Amalgam augenscheinlich eine Legierung, die mit ihrem finsteren Charakter der Suche nach Glauben, nach Ein-Sicht, also der Sicht in das Eine, wie ein Hemmschuh hinderlich im Wege steht.

Ein weiterer Gedankengang erscheint ebenfalls gar nicht so abwegig zu sein: Ist es einmal absolut unumgänglich, bei Kindern aus kieferorthopädischen Gründen die Vierer zu extrahieren, so könnte sich die Gabe von Stannum metallicum geradezu anbieten. Diese Anregungen mögen das Gesamtthema Jupiter abschließen, denn unsere Reise hat noch einige Stationen.

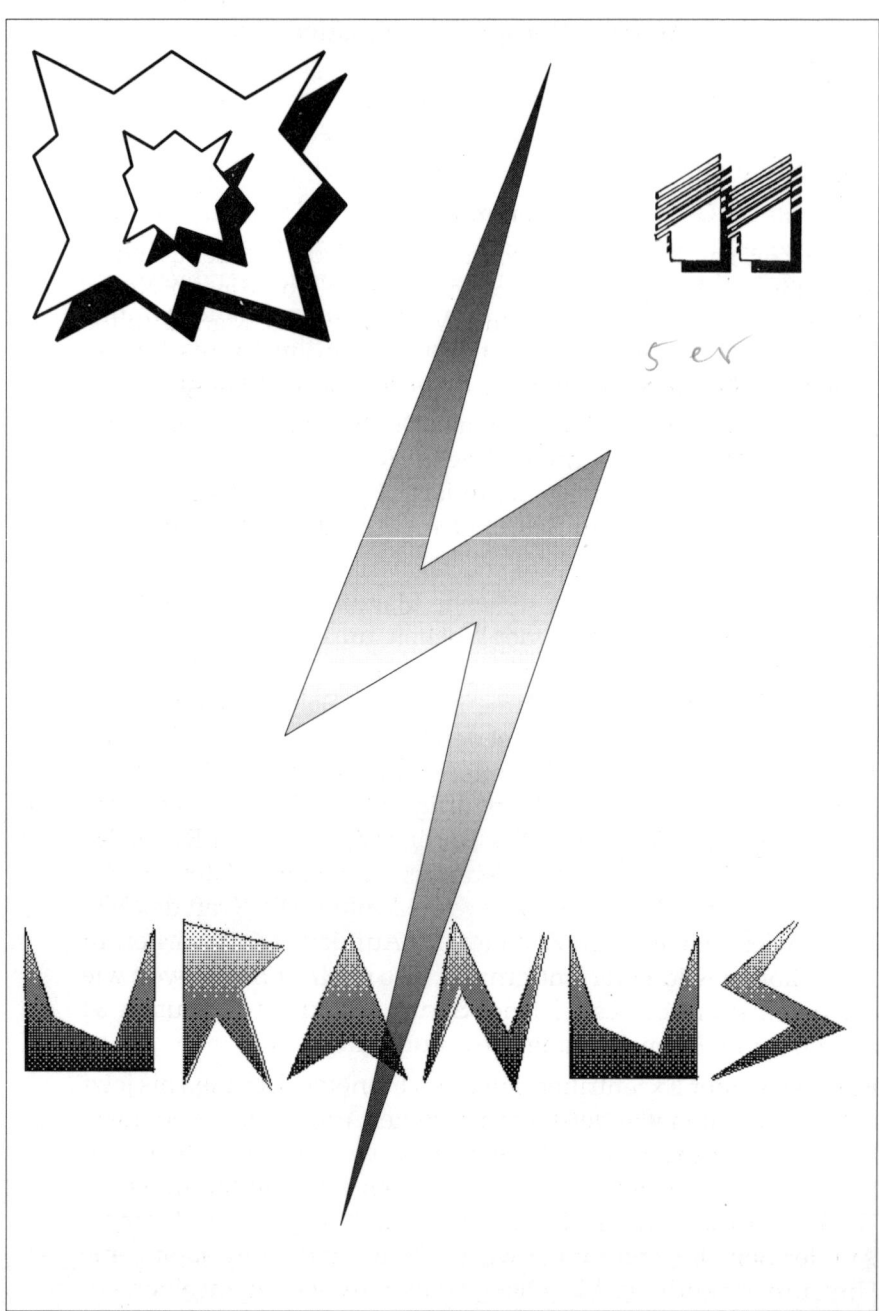

5er

Astronomisches

Lange Zeit galt die Zahl sieben im Rahmen des geozentrischen Weltbildes als heilig. Es gab sieben Himmelslichter in der Nachbarschaft der Erde: Sonne, Mond, Merkur, Venus, Mars, Jupiter und Saturn. Niemand kam auf die Idee, dieses Weltbild in Frage zu stellen. Am 13. März 1781 war die jahrtausendealte Siebener-Symphonie abrupt zu Ende. Der aus Deutschland nach England emigrierte Musiker Friedrich Wilhelm Herschel war der Astronomie sehr zugetan. Mangels pekuniärer Mittel zum Kauf großer Fernrohre wurde er zum Self-made-man und konstruierte seine Sternbetrachtungsinstrumente selber.

Nach der Erstentdeckung in jener Märznacht kontrollierte er seine Beobachtung weitere vier Wochen, um einen Kometen auszuschließen. Die Nachricht schlug wie eine Bombe ein. Eines der größten Probleme war die Namensgebung. Seinem Sponsor Georg III zuliebe schlug Herrschel den Namen Georgius Sidus (Georgsstern) vor, der aber in Astronomenkreisen wenig Gegenliebe fand. Es gab noch einige merkwürdige Taufpaten, aber letztendlich obsiegte der Vorschlag des Berliner Astronomen Bode, der den Uranus für geeignet hielt, denn Uranus war der Vater von Saturn und der wiederum der Vater von Jupiter. Die Kraft des Mythos erwies sich auch im Zeitalter der Aufklärung als stärker. In 2,8 Millionen Kilometer Entfernung, also noch einmal so weit wie der dereinst entfernteste Planet Saturn, umkreist Uranus in 84 Jahren (rund dreimal so lang wie Saturn) die Sonne.

Er ist ein echter Exzentriker unter den Planeten. Bei allen bis jetzt näher bekannten Wandelsternen zeigt der Äquator mehr oder weniger in Richtung Sonne. Der Astronom würde sagen: Die Rotationsachse steht senkrecht oder in einem bestimmten (kleinen) Winkel zur Ebene der Ekliptik. Uranus fällt da aus dem Rahmen. Auf der Seite liegend rollt er wie ein Rad mit dem Äquator seine Umlaufbahn entlang. Wir schauen daher immer nur auf einen seiner Pole und damit auf das ganze System.

Über den Planeten selbst war bis zum Jahre 1986 nicht sonderlich viel bekannt. In diesem Jahr passierte der Weltraumspäher Voyager 2 auf seiner Mission zu den äußeren Planeten den Uranus in einer Entfernung von rund 107.000 km. Es geschah am 24. Januar 1986, die Sonne stand im Tierkreiszeichen des Wassermannes, dessen Herrscher laut astrologischer Lehre der Uranus ist. Fünf Jahre vorher wurde die Rendez-vouz-Zeit berechnet und auf die Minute eingehalten. Unglaublich, wenn man bedenkt, auf welch kurzen Distanzen der Intercity der Bundesbahn oder die Flieger der Lufthansa bereits Verspätung haben.

Uranus hat einen Durchmesser von rund 48.000 km (im Vergleich dazu die Erde: 12.000 km). Er ist umgeben von einer dichten, grün-blauen Methan-Athmosphäre, die wenige wolkige Strukturen erkennen läßt. In rund 17 Stunden rotiert der Planet um seine Achse. Die Temperaturen von rund -210 Grad Celsius lassen in jeder Hinsicht Teneriffa und die Bahamas als geeignetere Urlaubsziele erscheinen. Gegen seinen Trabantenreichtum wirkt unsere Erde wie ein armer Wohlfahrtsempfänger. Die beiden größten Monde, Oberon und Titania, fand Herschel im Jahre 1787, quasi als Entdecker-Nachschlag. 1851 erweiterte der britische Astronom Lassell die Schar um zwei weitere: Umbriel und Ariel. Erst im Jahr 1949 fand der Amerikaner Kuiper den Mond Miranda dazu. Erst jener spektakuläre Vorbeiflug von Voyager 2 verhalf zur Entdeckung zehn weiterer kleiner Monde. Zwei davon erhielten den poetischen Namen „Schäfermonde", weil sie wie Schafhirten aus der Herde der Ringbrocken herausragen.

Die Techniker des Jet Propulsion Laboratory vollbrachten eine wahrhaft astronomische Meisterleistung, als es ihnen gelang, die Sonde in rund 29.000 km Entfernung am inneren großen Mond Miranda vorbeizusteuern. Die Oberflächen der Monde zeigten zum Teil einmalige Strukturen, als hätte jemand mit einem großen Messer Furchen in die Haut geritzt. Die Durchmesser der großen Monde bewegen sich zwischen 1.600 km (Titania, Oberon) und 500 km (Miranda). Der der griechischen Mythologie kundige Leser wird vergeblich in seinem hellenischen Repertoire nach Gottheiten und sonstigen Wesen suchen, die Taufpaten der Monde wurden. Auch auf diesem Gebiet kocht Uranus sein eigenes Süppchen: Die englischen Entdecker gaben den Monden Namen aus Dramen Shakespeares. Ein letzter Hinweis möge das Astronomische abrunden: Im Jahre 1977, bevor die Voyager-Sonden abhoben, errechneten die Astronomen einen Übergang des Uranus über einen großen Fixstern.

Eine groß angelegte Beobachtungs-Kampagne mit Flugzeugen und Observatorien auf der Erde brachte ein - für die Astronomen - atemberaubendes Ergebnis zustande: Uranus hatte neun Ringe und entthronte damals den Saturn als alleinigen Herrn der Ringe. 1986 fand Voyager 2 noch zwei weitere. Diese Ringe entpuppten sich als die schwärzesten Substanzen unseres Systems, die nur wenig des ohnehin spärlichen Lichtes reflektieren. Wir unterbrechen an dieser Stelle unsere astronomische Planeten-Tour und wenden uns dem Namens-Patron des betrachteten Himmelkörpers zu.

Mythologisches

Die Gestalt des Uranos liegt weit zurück im Dunkel der Mythen und ist verbunden mit der Frage des Anbeginns. Verwirrenderweise gibt es nicht nur eine mythische Erzählung vom Beginn, sondern deren mehrere. Die Konfusion entsteht im Grunde nur in unseren kausal-denkerisch geschulten Köpfen. Es ist unendlich schwer zu akzeptieren, daß alle Schöpfungsgeschichten nur sprachliche Ausdrucksformen eines metaphysischen Geschehens sind, das für uns logisch nicht faßbar ist. Auch unsere, die biblische Schöpfungsgeschichte, ist nur eine von vielen. Jede Kultur, jedes Volk hat seine eigene, die dem Gedankengut und dem Weltbild dieser Menschen entspricht und für die sie auch richtig ist. Nur ein beschränkter Mensch kann sich dazu hinreißen lassen, im „Wettbewerb" der Ursprungs-Mythen die eigene als die allein „richtige" zu betrachten. Unterzieht man sich der vergleichenden Mühe, so findet man analoges Gedankengut in den Mythen aller Völker. Bei unserer Betrachtung soll wieder die Theogonie Hesiods herangezogen werden.

Am Beginn, so sagt er, entstand das Chaos. Jeder neuzeitliche Mensch interpretiert dies sogleich als ein Durcheinander, so wie er es von seinem Schreibtisch, von der häufigen Verkehrssituation oder, was aber äußerst selten vorkommen soll, von Zuständen in seinem Gehirn her kennt. Dem ist aber nicht so. Dieses

Chaos setzt bereits Materie (oder auch Gedanken) voraus und ist daher nicht mit der eigentlichen Bedeutung des Wortes identisch. Chaos muß vielmehr als ein hohler Raum aufgefaßt werden, als „gähnende" Leere oder leeres „Gähnen". Oder wie es Karl Kerenyi in seiner „Mythologie der Griechen" formuliert: Das, was von einem leeren Ei übrig bleibt, wenn man die Schale wegnimmt.

Es erinnert an das erste Kapitel unserer biblischen Schöpfungsgeschichte, das besagt: Der Geist Gottes schwebte über dem Urgrund (oder der Urflut oder über den Wassern). Das Thema Zeit klingt bereits ganz leise an, darüber soll später einmal eine gesonderte Abhandlung folgen. Vorher heißt es: Und die Erde war wüst und leer. Im hebräischen Urtext heißt es: tohu wa bohu. Auch hier dieser Widerspruch zwischen metaphysischem und umgangssprachlichem Inhalt.

Aus dem Chaos entstand Gaia, die Erde, mit breiten Brüsten, sozusagen als das nahrungs- und lebensspendende urmütterliche Prinzip. Aus sich heraus gebar Gaia den gestirnten Himmel,den Uranos, der sie fortan umhüllte und umfing. Schöpfen heißt immer Zwei-Machung, Entstehen von Oben und Unten, von Polarität, oder auch Yin und Yang, wie es die chinesische Philosophie bezeichnet. Gegensätze oder zwei Pole führen sinnvollerweise immer zur Aktivität, zur Auseinandersetzung oder, um es einmal moderner zu formulieren, zur Befruchtung. Das urmännliche Prinzip, Uranos, nähert sich nachts der Erde. Sein fruchtbringender Regen läßt die Flüsse, Meere und Gebirge entstehen. Nach diesen anfänglichen Konturen entsteht auf der Erde durch das schöpferische Prinzip etwas gänzlich Neues: Von den Ergüssen des Himmels benetzt gebar Gaia das Geschlecht der Titanen, zwölf an der Zahl, sechs männliche und sechs weibliche Götter, die über das Welt-All herrschen sollten. Unter ihnen, wie bereits an früherer Stelle erwähnt, Kronos, der spätere Erzeuger von Zeit und Raum.

Damit war jedoch das omnipotente schöpferische Drängen des Himmels keineswegs zufrieden. Immer wieder näherte er sich des Nachts der Erde. Aus dem gebärenden Schoß Gaias entsprangen die einäugigen riesigen Kyklopen mit Namen Brontes (Donner), Steropes (Blitz) und Arges (Strahl). Und noch ein weiteres furchterregendes Geschlecht sollte dieser Ur-Liaison entspringen: Die Hekatoncheiren, hundertarmige Riesen mit fünfzig Köpfen; Kottos (der Stoßende), Briareos (der Starke) und Gyes (der Begliederte).

Diese „mißratenen" Kinder waren dem Vater nicht genehm, er haßte sie geradezu und verbannte sie im Tartaros, in die tiefsten Tiefen der Erde, so weit unter der Erde, wie der Himmel nach oben entfernt ist. Bedrückt und beengt durch die in ihr eingeschlossene Last (vielleicht war aber auch etwas wie gekränkte Mutterliebe im Spiel) stieg in Gaia Groll gegen die ständigen nächtlichen Umarmungen empor. Sie berief eine heimliche Familienversammlung unter Ausschluß des Vaters ein und forderte die Titanen zur Revolte gegen ihren Erzeuger auf. Erschrocken klebten Atlas, Iapetos und Co. auf ihren Sitzen, nur Kronos erklärte sich zur Tat bereit. Aus ihrem Werkzeug-Kästchen überreichte ihm Gaia eine Stein-Sichel und verbarg den Sohn bei Einbruch der Dämmerung. Zu nächtlicher Stunde kam er wieder herab, der ungeliebte Erzeuger. Kaum hatte er sich der Urmutter Erde genähert, sprang Kronos hinzu, hieb dem Vater die Männlichkeit ab und warf sie hinter sich. Nach getaner Tat überfiel wohl so etwas wie Reue die listenreiche Mutter, sie fing die Blutstropfen des nunmehr seiner Schöpfungspotenz beraubten Vaters auf und ließ daraus unter anderem die Erinyen, die Göttinnen der Rache, entstehen. Das Glied des Vaters fiel ins Meer, dies schäumte auf und aus ihm entstand die Schaumgeborene Aphrodite, deren Geschichte uns bereits bekannt ist. Hier endet die mythologische Geschichte des Uranos. Sein Verbleib liegt im Dunkel verborgen.

Fast könnte man über das Ungleichgewicht der Erzählungsfülle enttäuscht sein. Die Wichtigkeit und das Geheimnis des Beginns steht im indirekt proportionalen Verhältnis, einmal zeilenmäßig bemessen, zu den ausladend und üppig beleuchteten Eskapaden des späteren Göttervaters Zeus.

Woran liegt das? Jetzt-Zeit ist der menschlichen Sprache und der Interpretationskunst immer leichter zugänglich, als die mystisch-dunklen „Zeiten" des Anfangs, die immer auch eine tiefe Beziehung zu unterbewußten, archaischen Schichten der menschlichen Psyche haben. Das Schöpferische, das Neue, das bislang nie Dagewesene kommt in uns immer aus der Welt der Ideen. Die

Umsetzung der Idee zur Manifestation im Zeit-Räumlichen bedarf materieller Strukturen. In diesem Fall aber ist das Gehirn mit seinen abermillionen Zellen die biologische Relais-Station, die in der Lage ist, Immaterielles in Materielles zu transformieren. Abstrakta können in Konkretes durch die Fähigkeit des Empfangens und des anschließenden Handelns umgesetzt werden.

Auf die Theogonie übertragen bedeutet es folgendes: Der gestirnte Himmel als das schöpferische, ideenbefrachtete Uranos-Prinzip kann nicht allein konkret werden. Somit muß das Urprinzip Gaia, die Erde, zum Empfänger dieser Ideen werden. Geist und Materie vereinigen sich. Aber Uranos nähert sich nur des Nachts der Erde. Diese Dunkelheit symbolisiert das Unterbewußte, aus dem heraus die Ideen manifestiert werden können, so wie Luftblasen vom Boden eines stillen Bergsees sich vergrößernd herauf zur Oberfläche steigen. Etwas Neues entsteht, das sich grundlegend von seinen Eltern unterscheidet - auch die Theogonie kennt bereits eine Art Götter-Evolution. Zwölf Kinder gebärt Gaia ihrem drängenden Gatten. Diese mythische Zahl begegnet uns immer wieder im griechischen und auch im christlichen Gedankengut. Kronos und Rhea haben miteinander zwölf Kinder, wir finden später zwölf Bewohner des heiligen Götterberges Olymp. Jesus schart zwölf Jünger um sich, unser Jahr hat zwölf Monate und unsere Armbanduhr mit ihrer Zwölf-Stunden-Einteilung trotzt noch immer und hoffentlich noch lange dem bequemen Dezimal-System.

Von diesen zwölf Kindern sind dem Vater zwei mal drei gleich sechs lästig und verhaßt. Diese Hälfte des Neu-Entstandenen wird in die Dunkelheit des Tartaros hinabverbannt. So lauern diese monströsen, angsteinjagenden Geschöpfe in tieferen Schichten und harren ihrer Freilassung. Es fällt nicht schwer, Vergleiche zum menschlichen Wesen zu ziehen.

Der Mensch bejaht stets einen Teil der Welt, er bezeichnet ihn als angenehm, willkommen, sympathisch und deckt gern das Mäntelchen der Verdrängung über die Bereiche, die die Welt vollständig machen und als dunkle, schattenhafte Komplexe in ihm vorhanden sind. Je mehr man aus der Vielzahl der ungeliebten Komponenten dieser Welt Anteile in den eigenen Tartaros hinabschiebt, desto mehr rumoren und klopfen sie. Und so wie jeder

Krug solange zu Wasser geht, bis er bricht, so wie jeder Luftballon so lange aufgeblasen werden kann, bis er platzt, so entladen sich diese ausgeklammerten Inhalte zumeist in einem spontanen Ereignis, das der Mensch dann meistens Schicksal nennt. Diese explosive Entladung ist im Grunde nichts weiter, als das uranische Prinzip der Neuschöpfung bzw. der Anstoß zum Neu-Überdenken und damit zu einem Neubeginn unter anderen Vorzeichen. Gaia entläßt ihre hundertarmigen und fünfzigköpfigen Ungeheuer. Stellen Sie sich einmal die immense „Tat"-Kraft von hundert Armen vor oder gar den unbeschreiblichen Innovations-Impetus von fünfzig Köpfen. Jede moderne PR-Agentur würde sich heute wahrscheinlich um diese Kreativitäts-Boliden reißen.

Und lassen Sie mich noch einen kessen Gedanken weiterspinnen: Die Propaganda der Gewerkschaften im Sinne eines Berechtigungs-Alibis, die noch weiter verkürzte Arbeitszeit bei gleichzeitiger Gehaltsanhebung fordert, kann nur ein Endziel haben: Nicht die 35-Stunden Woche, sondern die Null-Arbeitsstunden Woche bei gleichzeitigem Mega-Gehalt fordern einfach den Einsatz solcher Monster heraus. Schauen Sie sich nur einmal um, sie sind bereits im Anmarsch, allerdings zeitgemäß verkleidet.

Das Unmaß neuer Schöpfungen, das Ausufern von flüchtigen Gedanken, das nächtliche, verborgene Befruchten und sich dann tagsüber wieder - unverbindlich - nach oben lösen, kann natürlich nicht ewig währen. So tritt dann Saturn auf den Plan. Er beschneidet jeden allzu Hochfliegenden, indem er das Strukturieren fordert. Aus Unverbindlichkeit muß Verbindlichkeit werden. Das Unkontrollierbare, Spontane und plötzlich jäh Aufschießende muß in die Norm gebracht werden. Wer immer dann davonfliegt, wenn es um konkrete Lösungen geht, fällt irgendwann - zumeist auf etwas Hartes. Und das kann so manchesmal recht heilsam sein.

So geht dann Uranus gerade jenes Körperteils verlustig, das der Ausdruck männlich-vitaler Schöpfungs- und Vermehrungsenergie ist.

Aus den Gegensätzen, der Zwei, entsteht etwas Neues, die Drei. Diese Zahl ist das Symbol der Zeit oder besser des Fließens der Zeit: Entstehen, Bestehen, Vergehen. Und so kommt mit der

Herrschaft des Kronos erstmals das Prinzip der Zeit in diese Welt: Geboren werden, leben und vergehen. Alle drei Begriffe gehören zum Kronos / Saturn und nicht nur, wie der Mensch es so gern ansieht, die Symbolik der Erstarrung und des Endes.

Die verbliebene Zahl der noch unbegötterten Zähne ist nicht mehr sehr groß. Den hinteren Bereich überläßt Uranus gern anderen und so drängelt er sich als fünfter Zahn (im Fachjargon: Zweiter Prämolar) in die Lücke, die sich zwischen seinem Sohn Kronos / Saturn und seinem Enkel Zeus / Jupiter auftut. Und wie es sich für einen himmlischen Zahn gehört, erblickt der obere Fünfer etwas eher das Licht der Mundhöhle als der untere. Die Geburtsstunde fällt in das elfte Lebensjahr. Wir finden die Zahl elf als Uranus-Symbol in der Rhythmen-Lehre von Wolfgang Döbereiner wieder, die diese Zahl dem Uranus zuweist. Uranus ist das Symbol der Spontaneität, des aus dem Gleichschritt des Alltäglichen Herausspringens, des Neuen, der Kreativität, der Verrücktheit im Sinne des von einem alten oder normalen Standpunkt Abrückens. Und so dürfte der närrische Elfer-Rat des Karnevals eine Ausdrucksform dieser Planeten-Symbolik sein.

Mit dem Durchbruch im elften Jahr beginnt eine neue Dekade im Leben des Kindes, die unbestritten revolutionärste und evolutionärste Phase: Der Aufbruch aus der Zeit des Neutrums in das Erkennen und Überwinden-Wollen der Polarität, indem die ersten Schritte zum anderen Geschlecht, zum Du getan werden.

Aus dieser Perspektive besehen ist der Uranus-Zahn der dentale Gongschlag in eine neue individuelle Ära. Äußerlich zeigt dieser Zahn nicht die geringste Beziehung zu seinem Namensgeber. Bis auf ein paar Winkelgrade ähnelt er seinen Nachbarn, den Vierer-Zähnen, von denen die beiden oberen die Exklusivität zweier Wurzeln besitzen, während sich der Fünfer zumeist mit nur einer Wurzel zufrieden gibt.

Das ist das Argument der häufigen Vierer-Extraktionen bei kieferorthopädischen Behandlungen, wenn es angeblich an Platz fehlt! Ein Vierer mit zwei zarten Wurzeln ist im Notfall schwerer mit einer Wurzel- oder Nerv-Behandlung zu traktieren, als ein einwurzliger Fünfer.

Ebenso wie bei den zuvor beschriebenen Zähnen können wir einige Interpretationsversuche starten. Häufig verbleiben Fünfer im Kiefer, ohne je die Hoffnung auf ein Sich-zeigen zu haben. Diese Menschen haben ein Kreativitäts- und Originalitäts-Potential, das tief im Meer des Unterbewußten verborgen liegt und nur schwer den Zugang in das Tagesbewußtsein findet. Differenziert man weiter in Ober- und Unterkiefer, so liegen diese Probleme mehr auf geistiger (Oberkiefer) oder psychisch-emotionaler (Unterkiefer) Ebene. Sind diese Zähne nicht angelegt oder werden sie später auf dem Verlustkonto gebucht, so ist dieser Mensch wahrscheinlich für eine Werbeagentur, in der Kreativität und Ideenreichtum gefragt sind, nicht der geeignete Mann, oder die geeignete Frau.

Ein schönes Symbol für Uranus ist der Vogel, oder noch genauer: der Vogelflug. Er ist die Befreiung aus den Niederungen der Alltäglichkeit, das sich Erheben über das Profane, das Flügel-wachsen-lassen. Sinnbildlich können wir das Flugwesen mit seinem Umfeld und auch die Tätigkeit des Flugpersonals in diese Rubrik einordnen. Döbereiner sagt treffend, daß uranus-geprägte Menschen in gewissen Zeitabständen immer wieder das Überlegenheitsgefühl über andere brauchen und es auch zeigen. Durch dieses Superioritäts-Inferioritäts- Gehabe stimmt für ihn dann die Welt wieder - für eine Weile.

Weitere Uranus-Eigenschaften sind: Skurrilität, Sinn für Spontan-Effekte, für Slapstick-Humor und für Comic-Strips mit ihren uranischen Sprechblasen.

Auf der Analog-Ebene wären daher folgende Schlüsse zu überdenken: Ein oder mehrere tote Fünfer ließen den Verdacht auf ein eingeschränktes (saturnines) Humor-Empfinden aufkommen. Gleichzeitig wäre eine Untauglichkeit für Berufe denkbar, die mit fliegerischer Verantwortung in Verbindung stehen. Könnten Menschen mit gesunden Fünfern (sofern sie auch sonst uranisch geprägt sind) arroganter und überheblicher sein als ein ähnlich veranlagter Mensch, der diese Zähne bereits auf dem Altar der Vergänglichkeit opfern mußte?

So, wie der Wandelstern Uranus durch seine aus der Norm herausfallende Drehachse aus der „Herde" der Mit-Planeten ausschert, sind Uranus-Menschen ebenfalls nicht gern in Normen eingebunden oder in Massen eingepfercht. Diese Erkenntnis ließe sich wiederum spekulativ in die Zuordnungs-Gedankengänge einreihen.

Es übersteigt aber die Möglichkeiten eines einzelnen Beobachters, diese inhaltlich stimmigen Vermutungen am anderen oder, als schwerste Aufgabe, nämlich an sich selbst, zu untermauern und zu verifizieren. Wie alles, mögen diese Gedankenspielereien Anregung für den interessierten Leser sein.

Homöopathie und Heilkunde

Ein neues Planeten-Prinzip am Himmel fordert den homöopathisch und astrologisch tätigen Denker heraus. Es beginnt die intuitive Suche nach dem zugehörigen Metall oder Element, da jedes Himmels-Prinzip einen Stellvertreter auf der Erde haben muß. Uranus sprengte (typisch!) als erster kurz vor der französischen Revolution (typisch!) das jahrtausendealte geruhsame Denkmuster der sieben nachbarlichen Himmelslichter. Zink erhielt den Zuschlag in der senkrechten Denkkette. So wie die Fakkel der französischen Revolution unter dem Fanal der „liberté, égalité, fraternité" hell aufloderte, so hat auch das Uranus-Metall gleichmacherische Züge gehabt. Diverse alltägliche Gebrauchsgegenstände, die früher ausschließlich der begüterten Oberschicht vorbehalten waren, konnten durch den Einsatz von Zink im Sinne sozialer Gleichmachung breiteren Bevölkerungsschichten zu erschwinglichen Preisen angeboten werden, so z. B. Spritzguß-Elemente, die früher einzeln geschmiedet wurden. Angeblich bringt die Kosmetik-Industrie Zink als Zusatz in Deodorants unter die Leute, damit niemand mehr durch eine allzu individuelle Natur-Duftnote die feinen Geruchsnerven anderer Leute belästigt. Ein Erinnerungsbestandteil an meine Nachkriegskindheit ist die Zinkwanne, in der wir, wie damals üblich, zum wöchentlichen Reinemachen geschrubbt wurden.

In der Homöopathie wird Zincum metallicum bei Übererregbarkeit, geistiger Überarbeitung und vegetativer Erschöpfung eingesetzt. Nash zitiert in seinem Buch: Was Eisen für das Blut ist, ist Zink für die Nerven. Verabreicht wird Zincum metallicum bei übertriebener Uranus-Symptomatik: wer ständig hochfliegende (was sonst!) Pläne hat, wer den Kontakt mit der Erde verliert, wer bei körperlicher Schwäche „abheben" möchte, dessen Nervenkostüm wird irgendwann einmal überreizt sein. Schlaflosigkeit und nervöse Unruhe sind die Folgen. Dann ist Zincum metallicum oder auch Zincum valerianicum angezeigt.

Während man das homöopathische Zink durchaus über einen längeren Zeitraum verordnen kann, sollte allopathisches Zink (Zinkorotat oder Zinkglukonat) nicht wahllos und zeitlich unlimitiert gegeben werden. Es wird von einigen Autoren bei Zahnfleischbluten, - entzündungen und Amalgamentgiftung empfohlen. Nach meiner Erfahrung liegt die Potenz idealerweise bei D 8, D 10 oder D 12. Überträgt man die Kenntnisse nunmehr auf das Zahngebiet, so wäre unserem Analog-Prinzip zufolge Zincum metallicum das unterstützende Mittel bei allen Prozessen, die mit den Fünfern zusammenhängen. So könnte Zincum met. D 12 den kieferorthopädischen Einordungsversuch eines Fünfers unterstützen. Bei einer Reizung des Fünfer-Nerves wäre Zincum met. D 8 ein probates Mittel.

Wer gemäß der Devise „Wie oben so unten, wie im großen so im kleinen" seine kreativen „Suchfinder" einstellt, dem werden sich mit Sicherheit noch weitere Einsatzbereiche eröffnen.

7er

D.V. Graphik

Astronomisches

Kaum vorstellbar, aber noch einmal 1,6 Milliarden Kilometer jenseits der Bahn des Uranus, fast an den Grenzen unseres Sonnensystems, zieht Neptun in rund 164 Jahren einmal seine Runde um sein Zentralgestirn. Im Jahre 1846 trat Neptun ins Bewußtsein der Menschheit, als der Berliner Astronom Galle ihn nach Berechnungen von Le Verrier im Fernrohr entdeckte.

So etwas beflügelt immer, steckt geradezu an. Die Teleskope richteten sich auf den „Neuen", den achten Planeten und kaum war ein Monat vergangen, da fand der Brite W. Lassell den Mond Triton. Fast hundert Jahre lang rückte Neptun nicht allzuviel aus seiner Intimsphäre heraus. Erst 1949 spürte der Amerikaner G. Kuiper den zweiten Mond Nereide auf. Ende der achtziger Jahre wartete alle Welt gespannt auf das Finale der grandiosen Sight-seeing-Tour von Voyager 2. Würde das große Abenteuer gelingen, nach der Stip-Visite bei Jupiter, Saturn und Uranus auch noch dem vorletzten der fernen Planeten und zugleich letzten unter den großen Gasriesen ein wenig von seinen lang gehüteten Geheimnissen zu entlocken? Hatten die sensiblen, inzwischen aber schon technisch überholten Instrumente des im August 1977 gestarteten Himmelsspähers die lange Reise durch unwirtliche, noch nie von Menschen betretene Leer-Räume überstanden, um den viereinhalb Milliarden Kilometer entfernten bangend-fiebernden Wissenschaftlern ein großartiges Finale zu bescheren?

Aber die NASA-Techniker beherrschten die Klaviatur der interplanetaren Feinsteuerung. Bei Annäherung zeigte sich bereits eine Überraschung: Es gibt nicht nur einen blauen Planeten in diesem System, sondern deren zwei.

Im Gegensatz zum Uranus, der eine strukturlose, blaugrüne Oberfläche aufwies, wurde Neptun in seiner Aussage etwas deutlicher. Die begeisterten Wissenschaftler sahen auf den Fotos aus der Tiefe des Raumes einen blauen Planeten, der eine bewegte

Wolkenhülle aufwies. Und so wie Jupiter seinen Großen Roten Fleck hat, hat Neptun seinen Großen Blauen Fleck. Aller Wahrscheinlichkeit nach ein Wirbelsturm gigantischen Ausmaßes von der Größe unserer Erde. Um diesen Fleck herum sind weiße, sich ständig verändernde Ränder aus Methaneis zu erkennen, auf einigen Aufnahmen sah man sogar Zirrhus-Wolken. Die Windgeschwindigkeiten sollen so enorm hoch sein, daß Windsurfer mit der Hälfte ihres Taschentuches noch rasante Manöver fahren könnten.

Das Nachrichtenmagazin „Der Spiegel" beschrieb das gesamte Ereignis emphatisch als „Vierter Satz der Symphonie", deren Höhepunkt am 25. August 1989 erreicht war, als mit 4900 km die größte Annäherung an den fernen Planeten erreicht war. Die Flugbahntechniker ließen die Sonde über den Nordpol sausen, um auf diese Weise noch den größten Mond Triton zu observieren. Danach geht die Odyssee mit annähernd 100 000 Stundenkilometer (fünfzig mal so schnell wie die Concorde) hinaus in das All, und wenn alles gut geht, wird Voyager 2, dann stumm und kalt geworden, im Jahre 298 048 (eine sechsstellige Zahl!) den rund zehn Lichtjahre entfernten Stern Sirius passieren.

Noch einige Worte zum Planeten selbst: Neptun hat einen Durchmesser von ungefähr 47 000 km und ist somit geringfügig kleiner, als Uranus. Die Atmosphäre besteht aus Methan und Wasserstoff. In etwa 16 Stunden dreht sich Neptun einmal um seine Achse.

Die ersten beiden bekannten Trabanten, Triton (ca. 2 800 km Durchmesser) und der kleinere Mond Nereide, erhielten als Taufpaten wiederum Gestalten der griechischen Mythologie.

Zu diesen registrierten Monden fand die Raumsonde noch sechs weitere kleine Begleiter, so daß Neptun / Poseidon mit insgesamt acht Monden seinem Rang als Meeresgott gerecht wird. Triton hat aus der Ferne einen rosafarbenen Teint und entpuppt sich aus einer Nähe von rund vierzigtausend Kilometern als eines der interessantesten Objekte im Chor der Monde. Eisvulkane und Methanseen machen ihn so außergewöhnlich. Und wie es sich für einen großen Planeten geziemt, hat Neptun einen kompletten Ring und ein Ringfragment aus Eis und Gesteinsbrocken.

Vorerst steht dem äußeren Sonnensystem kein weiterer Besuch

von Kundschaftern des homo sapiens ins Haus. Nur alle 175 Jahre stehen die großen Planeten so günstig zueinander, daß mit der Swing-by-Technik eine einzige Raumsonde sich ihnen optimal nähern kann. Das gilt zumindest für die derzeit technisch realisierbaren Triebwerke. Aber wer weiß, was menschlicher Erfindergeist aus dem Zylinder des heute noch nicht Denkbaren in Zukunft herauszaubern wird.

Mythologisches

Aus der Geschwister-„Ehe" von Kronos und Rhea entsprossen sechs Kinder: Hestia, Hera, Demeter sowie Hades, Zeus und Poseidon. Nach der großen Revolte gegen die Titanen teilten die drei Söhne per Los das Universum unter sich auf. Dem Zeus fiel der Himmel zu, Hades wurde Herr der Unterwelt und Poseidon ward fortan der Herrscher der Meere, der Quellen und der Flüsse, die mit ihrem Wasser die Weltmeere speisen. Poseidons Zepter ist der Dreizack, ein Geschenk der Kyklopen, mit dem er das Meer stürmisch aufpeitschen kann, mit dem er Aeolus, den Herrn der Winde, hinaus auf die Wogen jagt, zugleich aber auch die Erde erbeben lassen kann. Grimmig dreinschauend und vollbärtig, so kennen wir ihn aus vielen Abbildungen, konnte er die großen Sturmfluten gegen das Land werfen, aber auch hilfreich, mit dem Dreizack in die Erde stechend, eine muntere, lebensspendende Quelle aus dem Boden hervorsprudeln lassen. Und wenn die Feuchtigkeit aus dem Wasser und den Meeren emporsteigt, so bildet sich ein neues Element, das die Konturen verschwommen macht, das das Licht verschlingt, das sich wie eine Tarnkappe über Mensch und Landschaft legt - der Nebel, wässrige Luft, kaum in Bewegung, alles geheimnisvoll verhüllend, bis ein frischer Wind, ein neuer Impuls die Dinge wieder klar werden läßt.

Das Meer - und damit auch der Meeresgott - spielte bei den Griechen eine gänzlich andere Rolle, als beispielsweise bei den Germanen. Lange, zerklüftete Küsten - die Küsten des Lichtes, wie Peter Bamm sie so gelungen apostrophiert - in Hellas, die vielen Inseln der Ägäis, die kleinasiatischen Kolonien und das Magna Graeca in Süditalien erforderten einen ständigen Kontakt übers Meer. Lag es da nicht nahe, die häufige Unberechenbarkeit der mediterranen Fluten in Verbindung mit einem mächtigen, zürnenden Gott zu bringen?

In seinem eigenlichen Element, der Tiefe des Meeres, erbaute er einen prächtigen Palast, in dem er mit der lang umworbenen Gattin Amphitrite, der Tochter des Nereus, lebte, umgeben von Fischen jeglicher Art, von Nymphen und Nereiden und unbeschreiblichen Meeresungeheuern. Seiner „Ehe" mit Amphitrite waren drei Kinder beschieden, von denen nur der Triton - als Neptunmond bereits bekannt - mir erwähnenswert erscheint. So wie sein Bruder Zeus war auch Poseidon den Damen im Himmel und auf Erden nicht abgeneigt. Seine Amouren könnten seitenlang beschrieben werden, wir wollen uns hier auf einige wenige Namen beschränken, die auch dem mythologisch interessierten Durchschnittsbürger bereits bekannt sind. Seine Liebe zu Skylla wird von Amphitrite eifersüchtig an der Geliebten gerächt, nun bewacht sie zusammen mit Charybdis, die Poseidon mit Gäa zeugte, die Meerenge von Sizilien. Das von erfolglosen Poeten so sehnsüchtig herbeigewünschte geflügelte Pferd, der Pegasus, entstammt aus einer Liaison mit Medusa. Als Demeter sich, einmal fliehend vor dem aufdringlichen Poseidon, in eine Stute verwandelte, tat es Poseidon ihr gleich und als Hengst kam er ihr endlich nahe.

Hinter der Götterfigur des Poseidon verbirgt sich das Prinzip des aktiven Wassers. Sturmumtostes Land löst sich stückchenweise auf (man sagt auch: Steter Tropfen höhlt den Stein) ebenso, wie sich viele Chemikalien darin auflösen. Wasser ist ein eigenartiges, noch garnicht bis ins letzte erforschtes Element. Es hat die Fähigkeit, starke Konzentrationen durch gleichmäßige Verteilung zu nivellieren und damit Gegensätze aufzulösen. Wer sich noch an die Billy-Jenkins- und Tom-Prox-Westernhefte aus der Kinderzeit erinnern kann, vermag vielleicht noch eine Foltermethode aus seinem Gedächtnis abzurufen: Leute, die man zum Reden bringen wollte, setzte man gefesselt unter eine mit Wasser gefüllte Konservendose, in die man unten ein winziges Loch gebohrt hatte. Das immer wiederkehrende Plop-Plop auf den Kopf der Opfer trieb diese fast in den Wahnsinn (ein Neptun-Phänomen!) und machte sie gesprächig.

Wasser in seiner aktiven Form, mit der stillen Luft vermählt, das ist der Nebel, der alles verschwimmen läßt und Unterschiede in monotones Grau auflöst. Die naturwissenschaftliche Kosmogenese hält in ihrem Vokabular so gänzlich unwissenschaftliche Termini wie Urnebel und Ursuppe parat. Damit umschreibt sie, unbewußt und ungewollt natürlich, das zugleich gestalterisch schöpferische Prinzip, das im Poseidon liegt. Nebel ist auflösend, denn zum einen sind sämtliche Partikel schwebend verteilt, zugleich birgt er die Potenz zur erneuten Verdichtung, zum Gestaltwerden-lassen. Angeblich entstehen Galaxien aus den nebelhaft im All verstreuten Atomen. Ein Blick auf das zweite Kapitel der Biblischen Schöpfungsgeschichte zeigt uns - zwar geheimnisvoll und für uns vordergründig unverständlich - ebenfalls das Phänomen Nebel. Im hebräischen Urtext heißt es „ed". Luther übersetzt mit Nebel, andere Autoren sagen: Dampf oder Feuchtigkeit. Es sind samt und sonders Neptun-Symbole und bezeugen die darin innewohnende Potenz zum Ur-Sprung und zum Auftauchen aus dem Meer des Unbewußten.

Aus der Reihe der dem Poseidon / Neptun zugeordneten Inhalte seien noch erwähnt: Sucht auf allen Ebenen (Alkohol, Nikotin, Rauschgift), Illusionen, Filmgeschehen (das uns eben diese Illusionen vorgaukelt) und sämtliche Täuschungen (wer ent-täuscht ist, hat sich immer zuvor gründlich getäuscht). Lassen wir uns nunmehr von Poseidon mit seinem Dreizack den ihm zugehörigen Zahn ausweisen, ohne daß er ihn mit voller Wucht in dieses harte Gebilde stoßen möge.

Neptun und seine Zähne

Der Neptun-Zahn trug entscheidend zum Auffinden der symbolischen Zuordnung im hinteren Zahnbereich bei. Die drei (oder insgesamt zwölf) Frontzähne hatten schon längst ihren Schutzpatron gefunden, nur die posteriore Gruppe war noch beziehungslos. Da kam mir der berühmte Zufall zu Hilfe. Bei einer Vegatest-Demonstration in einem Seminar (Vegatest ist ein fortgeschrittenes Elektroakupunktur-Verfahren) ergab der Test bei einem Kollegen, daß er offensichtlich des Elementes Aluminium bedürfe. Ein späterer Test brachte das gleiche Ergebnis - das mußte einen bestimmten Grund haben. Das Röntgenbild zeigte tief hinten unten zwei verlagerte Weisheitszähne, die die Wurzeln der unteren Siebener bedrängten. Daraus zog ich den Schluß: Wenn ein so offensichtlich gestörtes Verhältnis im Kiefer und der Bedarf nach (homöopathisiertem) Aluminium zusammentreffen, könnte ein direkter Zusammenhang bestehen, denn Aluminium ist das Metall des Neptun. Mein ursprünglich aufgestellter Zusammenhang mit dem Weisheitszahn erwies sich später als nicht haltbar, also mußte es der Siebener sein - und er ist es! Der Weisheitszahn bedrängte und verletzte die Neptun-Sphäre des Siebeners, also brauchte dieser zur Stärkung sein Metall, also Alumina als Heils-Prinzip.

Der Statistik zufolge bricht der Siebener zwischen 11 und 12 Jahren aus dem Kieferkamm hervor - oder vielleicht sage ich es einmal neptun-gerecht: Wie ein Atoll der Südsee wachsen die Spitzen des siebten Zahnes hinein in die feuchten Nebel und Speichelseen der Mundhöhle. Um die Bedeutung des Siebeners zu erkennen, sei an die Symbolik des Neptun / Poseidon erinnert.

Dieser Zahn läutet eine Zeit ein, in der die Kinder beginnen, besser zwischen Realität und Illusion zu unterscheiden und ein wenig hinter die Dinge zu schauen. Der Wert und Unwert der Notlüge wird klarer erkannt, um Täuschungen zum eigenen Schutz oder Vorteil anzubringen. Der Zugang zum eigenen Unterbewußten erfährt eine vorsichtige Öffnung. Da jede Manifestation sich zwischen zwei Polen aufspannen kann, liegt auf der negativ besetzten Seite die Gefahr nahe, Zugang zu Rausch- und Suchtmitteln zu suchen oder zu finden. Die erste heimlich gerauchte Zigarette, die vor den Eltern verborgene erste Flasche Bier oder gar der heute - leider - auf Schulhöfen stattfindende erste Kontakt mit gewissenlosen Rauschgift-Dealern - das sind Phänomene, die zeitlich mit dem Hindurchwachsen des Siebeners häufig zusammenfallen.

Lange glaubte man nach dem Durchbruch des Siebeners an ein scheinbares Ende der Neuankünfte, bis irgendwann diese Illusion wie windvertriebener Nebel zerstiebt, wenn marsisch-entzündlich der Weisheitszahn auf sich aufmerksam macht oder zufällig das Röntgen-Radar die Anwesenheit eines verhinderten Spätentwicklers aufzeigt.

In der aus den vorherigen Kapiteln gewohnten Weise können nun die diversen Zustände des Siebeners interpretiert werden. Ein akut entflammter Zahn mag die deutlichste Aufforderung sein, Schein und Sein besser zu differenzieren. Die Wurzelbehandlung wird den Zugang zum eigenen Unterbewußten erschweren und die Botschaft der Träume unklar werden lassen. Ein nach vorn gekippter Siebener, der zumeist einen verlorengegangenen Sechser voraussetzt, könnte wie folgt interpretiert werden: Der saturnine Sechser, hinter dem immer der geregelte und genormte Alltag mit seinem Bezug zum Konkreten steht, entschwand und in diesen Freiraum dringt jetzt das Irreale, Traumhafte und teilweise nebulös Unklare mehr in den Vordergrund.

Da der Sechser in der Regel eines der ersten Opfer zahnärztlicher Zangen darstellt, folgt zumeist die Brücke vom Fünfer auf den Siebener. Der zuvor diese unterschiedlichen Brüder auf Distanz haltende Saturn-Zahn dient nunmehr als Ersatz, als Brückenglied, als Prothese, um Kreativität und Spontaneität mit den unbewußt in der Tiefe liegenden Inhalten zu verbinden. Wenn das Ergebnis nicht zu überbordend ist, kann man diese neue Vermischung als gar nicht so unglücklich ansehen.

Einschränkend sei hinzugefügt: Niemand möge sich unter diesem Aspekt allzu freudig über den Verlust eines Sechsers hinwegtrösten, denn alles hat seinen Sinn, wie im Körper, so im Kiefer.

Homöopathie und Heilkunde

Das neptunische Metall ist, wie schon erwähnt, das Aluminium und somit auch dem Siebener zugeordnet. Im chemischen Periodensystem erfreut sich Aluminium nicht gerade einer stolzen Verwandtschaft, denn außer dem weniger schädlichen Bor gehören so unbequeme Elemente wie Gallium, Indium und Thallium dazu. Gallium und Indium sind in der Zahntechnik als Goldzusätze bekannt um Porzellan aufbrennen zu können. Die toxischen Wirkungen dieser Metalle treten nicht eben selten nach dem Eingliedern von Metallkeramik-Kronen und -Brücken auf. Da sie sich aber unbestimmt-diffus äußern werden sie nicht gleich in einen Kausalzusammenhang mit diesen Elementen gebracht. Aluminium selbst scheint eine geringe Toxizität zu haben. Die Erfahrung lehrt jedoch, daß Aluminium-Kochgeschirr eine qualitätsmindernde, auflösende (Neptun!) Wirkung auf die zubereiteten Speisen hat. Häufige Benutzung von Aluminium-Kochtöpfen soll bei den Benutzern zu neuralgiformen Beschwerden führen. Die provisorischen Aluminiumkronen in dem recht aggressiven Mundspeichel-Milieu können ähnliche Erscheinungsbilder hervorrufen. Die bedauernswerterweise noch verwendeten provisorischen Zinnkappen sind wegen der Bildung hoher elektrischer Spannungen gänzlich abzulehnen und können bei sensiblen Patienten enorme Symptome wie Unruhe und Schlaflosigkeit erzeugen.

Die Hauptrichtung der Aluminium-Wirkung zielt auf das Zentral-Nervensystem. Die in Otto Leesers „Lehrbuch der Homöopathie" angegebenen Indikationen weisen eine fast verblüffende Übereinstimmung mit der symbolischen Analogie des Neptun-Prinzips auf. Leeser führt auf: Störungen in der Vorstellungs- und Urteilssphäre, Zwangsvorstellungen, Verwirrung bis zur Störung des Ich-Bewußtseins, Lähmungen, Paraesthesien (Ausfall von Nervenimpulsen). Weiterhin Haut- und Schleimhaut-Ernährungs-Störungen.

Die Planeten jenseits von Saturn bezeichnet man als die überpersönlichen Planeten. Alle auf unserer Ebene anfallenden Symptome haben daher nicht die griffig-konkrete Einordnungsmöglichkeit, sondern sind mehr diffuser Natur. So können Störungen durch den Siebener neptungemäß im Lymphsystem, unserer körpereigenen Zellschlacken- und Müll-Abfuhr, evident werden. Kommen Nervenbeschwerden unklarer Art, Haut / Schleimhaut-Probleme, sowie eine im homöopathischen Schrifttum angegebene Verschlimmerung der Probleme nach dem Essen von Kartoffeln hinzu, sollte an die Verabreichung von Aluminium metallicum oder Alumina gedacht werden. Akutes Geschehen (auch eine akute Pulpitis an diesem Zahn) erfordern tiefere Potenzen, z.B. Alumina D 6, D 8. Chronisches Geschehen, begleitet von hartnäckiger Verstopfung, ist die Indikation für höhere Potenzen wie D 10, D 12 oder D 20. Bei der eben erwähnten Verstopfung sollte immer eine Überprüfung besonders der unteren Siebener (oder auch des Gebietes in dem ein Siebener einmal zwangsweise seinen Platz räumen mußte) erfolgen.

Ich möchte dieses Kapitel nicht abschließen, ohne einen nunmehr fast naheliegenden Gedankengang zu entwickeln. Wie wir nunmehr wissen, sind Suchterscheinungen von der angeblich fast harmlosen Naschsucht bis hin zu der Sucht nach harten Drogen Manifestationsformen des Neptun-Prinzips. Die allen Menschen eigene Sucht nach Sinn, Erfüllung, Glück und letztlich Einheit wird auf einer niederen Ebene, wo man diese Werte mit Sicherheit nicht finden kann, abgebrochen und entartet zur Sucht.

Sind gar Menschen mit gestörten Siebener-Verhältnissen empfänglicher für derartig gefährliche Verlockungen?

Ist es nicht naheliegend, bei der Behandlung von Fehl-Suchern das dem Neptunischen zugeordnete Element als Homöopathikum einzusetzen oder gar potenzierte Drogen (Opium, Cannabis, Kokain etc.) bei den die Entwöhnung so erschwerenden Entzugserscheinungen einzusetzen?

Fairerweise muß ich am Ende des Neptun-Kapitels gestehen: Diese Ideen sind mir während des Schreibens nebelhaft verschwommen in den Sinn gekommen. Mein Versuch der gedanklichen Transformation in das geschriebene Wort kann nur als Anregung für andere, die näher mit diesen Neptun-Problemen therapeutisch-verbindlich beschäftigt sind, aufgefaßt werden.

Alles Konkrete ist einmal aus einer anfänglich diffusen, später deutlicher werdenden Idee entstanden.

Astronomisches

Dunkelheit und Leere herrscht in jenen entlegenen Bereichen unseres Sonnensystems, in dem der vorerst letzte bekannte Planet seine einsame Bahn zieht. Das wärmespendende Licht unseres Zentralgestirns hat in diesen Regionen längst seine Kraft eingebüßt und die Sonne ist nur noch als heller Stern am plutonischen „Tages"-Himmel sichtbar. Nach der Entdeckung des Neptun im Jahre 1846 stieß man auf Ungereimtheiten in seiner Bahn, die die Anwesenheit eines weiteren Planeten vermuten ließen. Damals standen den Astronomen bei ihren komplizierten Berechnungen noch keine elektronischen Helfershelfer zur Verfügung. Nur aus dem Vergleich zweier Fotoplatten, an verschiedenen Daten aufgenommen, konnte auf einen Wandelstern geschlossen werden. Die fernen Fixsterne ändern innerhalb kurzer Zeitdistanzen ihre Positionen, die, von der Erde aus betrachtet, kaum meßbar sind. Die für astronomische Verhältnisse relativ nahen Planeten bewegen sich deutlich meßbar - auch wenn es nur Bogensekunden sind. Hat sich also zu zwei zeitlich auseinanderliegenden Terminen ein Lichtpunkt von x nach y bewegt, kann es nur ein Sonnensystem-Angehöriger oder gar ein Komet sein.

Am 18. Februar 1930 wurde der junge amerikanische Hobby-Astronom Clyde W. Tombaugh fündig: Der neunte Planet der Sonne trat ins Bewußtsein einer Menschheit, die seit 1846 entscheidende Änderungen erfahren hatte, so z. B. den ersten weltumspannenden Krieg.

Um die Namensgebung ranken sich etliche Geschichten. Eine davon lautet: Der Name des Neugefundenen sei dem Hund der Walt Disney' schen Mickey Mouse entlehnt. Wie dem auch sei: Kein Name kommt von ungefähr, jeder bekommt den Namen, den er verdient und so trägt sicherlich auch Pluto den ihm entsprechend der Zeitläufte zukommenden Namen. Der neue Planet, den man bislang erst sechzig Jahre beobachten konnte, benötigt 248 Jahre für eine Umrundung der Sonne.

Was seine anderen Daten betrifft, so hat er seine eigenen Vorstellungen von Zugehörigkeit zu einem System: Exzentrisch pendelt er zwischen 7 1/2 und 4 1/2 Milliarden Kilometern Sonnenentfernung und ist von Zeit zu Zeit, wie beispielsweise jetzt bis Mitte der neunziger Jahre, sogar innerhalb der Neptunbahn aufzufinden. Ebenso exzentrisch ist seine Bahnlage zur Ekliptik. Stellen wir uns das Sonnensystem mit seinen Planetenbahnen als Scheibe vor, so weicht die Bahn des Pluto um 17 Grad von dieser gedachten Ebene ab. Über den Planeten selbst wissen wir nur sehr wenig, nur auf den stärksten Teleskopen der Erde ist er als winziges Scheibchen erkennbar. Sein Durchmesser liegt bei 2500 km. Lange glaubte man, er sei neben dem Merkur der zweite Planet ohne Atmosphäre, aber diese Vermutung erwies sich als irrig. Durch gezielte Beobachtungen konnte man auch bei diesem allerfernsten der Sonnentrabanten eine Lufthülle aus Argon und Methan nachweisen.

Immer wieder hört man die Frage: Wenn man schon ein Raumvehikel bis zum Neptun dirigieren kann, hätte man nicht auch den Pluto in die Sight-seeing-Tour mit einbeziehen können? Theoretisch ja, praktisch jedoch wäre im Rahmen der sogenannten Swing-by-Technik eine so große Annäherung an den Neptun notwendig gewesen, daß die nicht gerade stromlinienförmige Sonde Voyager 2 an der Neptun-Atmosphäre Schaden genommen hätte. So bleibt zukünftigen Generationen noch eine große Aufgabe vorbehalten.

Im Jahre 1978 tauchte auf Fotografien von Pluto eine leicht beulenartige Ausweitung des Randes auf, die in einem Rhythmus von ca. 6,4 Tagen auftrat. Dieses Ergebnis wies in die gleiche Richtung wie die Helligkeitsschwankungen des Pluto: Es gab einen Mond, getauft wurde er nach dem Fährmann der Unterwelt, Charon. Seine relative Größe von 1200 km läßt auf ein Doppelplaneten-System schließen. Diese Hinweise sollen uns zum astronomischen Pluto vorerst genügen.

Mythologisches

Hades / Pluto ist der dritte und älteste männliche Sproß der Titanen-„Ehe" von Kronos und Rhea. Nach den Titanenkämpfen fiel ihm bei der Aufteilung der Welt losmäßig die Unterwelt zu.

Ebenso wie Zeus seinen Donnerkeil und Poseidon seinen Dreizack von den Kyklopen als Dank für die Befreiung erhielten, bekam Hades seine Tarnkappe, mit der er sich unsichtbar dem Menschen nähern kann. Tief unter dem Meer und dem Himmel wohnt
Hades in dunkler Tiefe, ein Ort zu dem Sterbliche keinen Zugang
haben. Der Name Hades als Inbegriff der Finsternis und des To-
des wurde von den Griechen nur ungern ausgesprochen. Daher
nannten sie ihn - fast besänftigend - auch Pluton, den Reichen.
Denn letztlich ist er als Herr der Unterwelt auch Herrscher über
alles, was in der Erde liegt. So fördert er die im Dunkel liegende
keimende Aussaat und läßt durch den Menschen die im Schoß
der Erde liegenden Metalle und Edelsteine ans Licht bringen.

Der Sage nach lebte Hades lange Zeit mit seinen finsteren Gestalten allein in der Unterwelt. Kein weibliches Wesen ist bereit, ihm
als Gemahlin in das Schattenreich, aus dem es keine Rückkehr
gibt, zu folgen. Wir dürfen annehmen, daß dem Hades das bunte
Treiben seiner Brüder Zeus und Poseidon nicht ganz unbekannt
blieb. Jetzt beginnt eine der verwirrenden Affären der griechischen Mythologie, die unseren Familien- und Stammbaum-Sinn
ganz schön strapaziert.

Demeter war eine Schwester des Zeus, was aber den Zeus nicht
davon abhielt, ein Schäferstündchen mit ihr zu wagen. Waren
nicht die Eltern der beiden ebenfalls Geschwister? Der einzige
Unterschied war: Zeus überging wieder einmal seine eifersüch-
tige Gattin, die obendrein ebenfalls seine Schwester war. Nunmehr wird die Geschichte zum mythologischen Panoptikum.
Dem Zeus-Demeter-Abenteuer entsprang eine hübsche Tochter
namens Kore, die für ihr Leben gern Blumen pflückte. Dabei be-
obachtete sie ihr Onkel und verliebte sich in sie. Er raubte die Wi-
derstrebende und fuhr mit ihr in einer Kutsche mit schwarzen
Rossen hinab in die sich öffnende Erde.

Da Zeus sowohl Bruder als auch Liebhaber von Demeter war,
war er zugleich Onkel und Vater des geraubten Mädchens. Und
wie es sich in hierarchischen Systemen gehört, hatte Hades zuvor seinen Bruder um sein Plazet gebeten. Zeus zierte sich,
Hades deutete das als „in dubio pro me". Die unglückliche Mutter suchte auf der ganzen Welt vergebens, ihre Tochter war wahr-
haftig vom Erdboden verschwunden. Mit weiblicher Schläue in-

terviewte sie den allessehenden, am Tageshimmel dahinziehenden Helios.

Er verriet der Schwester des Zeus den Raub. Mit zornsprühenden Augen nahm Demeter den Göttervater ins Kreuzverhör, bis dieser kleinlaut nachgab und Hades die Herausgabe nahelegte, denn Demeter als Göttin der Feldfrüchte ließ alle Pflanzen verdorren, sodaß Hunger und Not unter den Menschen herrschte. Zeus drängte nunmehr seinen Bruder, die geraubte Kore, inzwischen Persephone genannt, freizugeben. Hades, der älteste der Gebrüder, war nicht weniger listenreich als Zeus: Pro forma sagte er zu, gab aber seiner Beute-Gemahlin noch von einer Granatfrucht zu essen. Damit war gemäß griechischem Brauch der Bund der Ehe vollzogen. Das Drama endete mit einem Kompromiß: Drei (oder sechs, je nach Quellen) Monate muß Persephone fortan dem dunklen Hades zur Seite sein, neun (oder sechs) Monate jedoch lebt sie über der Erde. Wir finden in diesem Mythos nur unschwer den Wechsel der Jahreszeiten wieder. Ein Teil des Jahres herrscht Öde und Tristesse, den anderen Teil grünt, blüht und wächst alles, d. h. Leben pulsiert.

Aus dem Bereich der dunklen Tiefe, in dem die bleichen Seelen der Verstorbenen auf Nimmerwiedersehen entschwanden, aus dem nur zwei Menschenwesen, nämlich Orpheus und Theseus, jemals wieder zurückkehrten, seien noch zwei Namen erwähnt: Charon, der Fährmann, der die Seelen über den Fluß Styx befördert und mit schriller Stimme und vorgestreckter Hand seinen Obulus einfordert. Die zweite Gestalt, die schon lange ihren Einzug in das Umgangsdeutsch gefunden hat, ist der Kerberos, ein dreiköpfiges Hunde-Ungeheur, das schwanzwedelnd-freudig die Neuankömmlinge begrüßt, ihnen aber mit Vehemenz den Weg zurück verwehrt.

In der heutigen Symbolsprache verbinden wir den Begriff des Hades / Pluto mit dem Zwingenden, Unausweichlichen, in das der Mensch fast hypnotisiert hineingerät. So wie Pluto davon besessen ist, alle Seelen in seinem Reich zu halten und dem Heiler Asklepios über die Wiedererweckung von Toten gram war, so untersteht dem Pluto-Prinzip: Besessenheit, Leibhaftigkeit, Anlehnung an fixe Ideen. In einer erweiterten, über das Bild der Antike hinausgehenden Symbolik ist Pluto der Ausdruck von Vergehen

und Entstehen, von Stirb und Werde, das Urbild der Metamorphose, das Geheimnis der Verwandlung der Raupe in einen
Schmetterling. Psychologie und Psychotherapie, die durch das
einseitig naturwissenschaftlich orientierte Weltbild notwendig
gewordene Therapiemaßnahmen, gelten mit ihren Versuchen in
die Schattenbereiche des Unterbewußten einzudringen, ebenfalls als Pluto-Disziplinen. Kurz nach der Entdeckung des son-
nenfernsten Trabanten kam eine der Bewegungen an die Macht,
die wohl wie nie in der Menschheitsgeschichte zuvor von bestimmten Wahnideen besessen war: der Nationalsozialismus.
Dessen Zeit liegt noch nicht lange zurück, aber mit Sicherheit
kann man sagen, daß auch diese Kollektivhysterie eine Notwendigkeit im Sinne des Schicksals, dem Formulierungen wie Gut
und Böse fremd sind, war.

Weit hinten und fern den lichten Frontzähnen liegt in der Nähe des Schlundes der, der unter normalen Umständen keine Rückkehr gewährt: Der achte Zahn, im Volksmund auch Weisheitszahn genannt. Und so wie bereits zu Homers Zeiten ungern und voll Ablehnung über den Hades geredet wurde, wird in heutiger Zeit das Bild des achten Zahnes, kurz Achter genannt, von ähnlichen Vorstellungen geprägt. Kommt beim Kaffeeklatsch oder an der Biertheke das Gespräch auf das Thema Zähne, so steuert so mancher schaurige und abschreckende, durch die zeitliche Distanz häufig heroisch untermalte Episoden aus eigenen Erlebnissen mit dem Hades- / Pluto-Zahn bei.

Und in der Tat, diese Zähne, besonders - und natürlich - die unteren, haben etwas Unheimliches, ja sogar Unberechenbares an sich. Tief unten, hinter dem Poseidon- / Neptun-Zahn liegt ihr Keim, der auf der Suche nach einem Partner aus dem Licht drängt, so wie dereinst Hades beim Raub von Persephone. Dieser Zahn ist ein wahres Abbild unserer Zeitläufte: So, wie man heute zwanghaft versucht, das Böse und die Gedanken an den Tod aus der Welt zu drängen, und zwar mit der Naiv-Methode des positiven Denkens, findet der Weisheitszahn durch die Enge des Kiefers immer seltener seinen Weg nach oben. Er bleibt, wie ein Vulkan in der Tiefe hin und wieder grummelnd und auf sich aufmerksam machend, im Dunkel des Kiefers verborgen. Auf diese Weise bedrängt und bedrückt er dann die neptunische Sphäre des Siebeners.

Daher gilt es, auf den Achter acht zu haben, damit sich sein dunkles Potential nicht irgendwann einmal eruptiv-akut entlädt und den „stolzen" Besitzer zum Nachdenken über seine verdrängten Probleme zwingt. Vielen bleibt seine Anwesenheit verborgen, wenn nicht ein Röntgenbild zufällig auf diesen verborgenen Gesellen hinweist oder der Zahn gar im hohen Alter dentalen Lügengeschichten (sprich: Prothesen) den sicheren Halt raubt, indem er zu so später Zeit den Durchbruch wagt. Wie bereits im iovischen

Kapitel erwähnt, haben die Vierer und der Achter eine Art Schlüsselrolle im Konzept der Zähne. Wie vier Säulen tragen sie wie ein Baldachin das gesamte energetische Gerüst der Zähne.

Es sind die beiden Pole, oben und unten, Himmel und Hölle, Zeus und Hades, zwischen denen sich Realität aufspannt und dem sich die anderen unterzuordnen haben. Ähnlich unseren Zuordnungsversuchen bei den anderen Zähnen wollen wir auch in diesem Fall vorsichtige Querverbindungen schaffen. Die normale Durchbruchszeit, etwa ab 16 Jahren, fällt zusammen mit dem Mutationsprozeß der Jugendlichen: Aus dem Kind wird langsam der Erwachsene. Das Kind im Menschen muß sterben, damit er seine Rolle in dieser Welt spielen kann. Das bedeutet aber keineswegs ein totales Ablegen kindlicher Eigenschaften, wie Staunen und Wundern über die Geheimnisse der Welt oder die Freude am Märchen, sondern vielmehr das Hineinschlüpfen in eine neue Phase der Verantwortlichkeit eigenen Tuns und des Heraustretens aus dem Schutzschirm elterlicher Bevormundung. Eine völlige Verkennung dieses Rollenwechsels ist das Verhalten unzähliger Jugendlicher unserer heutigen Wohlstandsgesellschaft, die das Erwachsenwerden einseitig mit dem Erwerb von Rechten verbinden, auf der anderen Seite aber eine fast impertinente Abwehr, die bis zur Heranziehung rechtlicher Urteile reicht, bei der Übernahme der mit diesen Rechten verknüpften Pflichten an den Tag legen.

Ein wurzelbehandelter, toter Weisheitszahn ist ein - einmal vordergründig interpretiert - gefährliches Unterfangen. Ist doch bereits der Achter selbst ein Repräsentant des Todes-Prinzips, so steigert das Abtöten der lebendigen Substanz die Dramatik noch einmal.

Im Zahn selbst finden trotz der perfektesten Wurzelbehandlung diese Zerfalls- und Zersetzungsprozesse menschlichen Eiweißes statt. Der Sterbevorgang, das Leichenprinzip in einem lebendigen Organismus! Bringt man zusätzlich die energetischen Verbindungen ins Spiel, oder besser gesagt, die Resonanzketten-Zusammenhänge, so wissen wir, daß u. a. das Herz und der Dünndarm mit dem Weisheitszahn korrelieren. Das Herz ist, so wie ich es formuliere, die biologische Relais-Station der Welt der Gefühle, d. h. jede Sphäre des mehrschichtigen Wesens Mensch braucht auf der materiellen Ebene einen Repräsentanten, der ähnlich einer technischen Relais-Station die „Signale" (Empfindungen, Emotionen, Gefühle) empfängt und körperlich „faßbar" macht. Der Volksmund drückt es wie immer treffend aus. „Er starb an einem gebrochenen Herzen!" oder „Vor Aufregung klopfte ihr Herz zum Zerspringen!". Ziehen wir nunmehr den Ringschluß aus dem Gesagten: Wurzelbehandelte Weisheitszähne stören den Empfang der biologischen Relais-Station Herz. Tote Achter töten das Herz. Pluto läßt die Gefühle vereisen.

Nun, so könnte ich mir vorstellen, liegt Ihnen sicher noch eine Frage auf dem Herzen: Was ist denn mit diesen Menschen, deren Weisheitszähne nicht angelegt sind? Die Patienten reagieren meist mit folgenden Worten: Welch ein Glück, da bleibt mir viel Unangenehmes erspart! Oder: Dann werde ich wohl nie weise!

Das mag primär stimmen!

Aber was könnte der deutungsmäßige Hintergrund sein? Aus dem östlichen Gedankengut ist uns der Begriff der Reinkarnation bekannt. Die Seele eines Menschen kann nur inkarnieren, d. h. ins Fleisch fahren, einen Körper erhalten, wenn eine bestimmte Zeitqualität es zuläßt. Diese Zeitqualität, die dem quantitativen Zeitbegriff in seiner chronologischen Meßbarkeit diametral entgegengesetzt ist, drückt zum Zeitpunkt der Befruchtung und zum Zeitpunkt der Geburt ein bestimmtes Muster aus, das zugleich den Plan des Lebens und die zu lösenden Lebensaufgaben beinhaltet. Da auch die Zähne ein Teil des Ganzen sind, drückt sich auf dieser Ebene eine partielle Wahrheit aus. Ein nicht angelegter Weisheitszahn ließe daher die symbolische Schlußfolgerung zu, daß plutonische Themenbereiche in dieser Inkarnation nicht zur Hauptaufgabe zählen. Wie an den übrigen Zähnen durchexerziert, möge der Leser die dort abgehandelten Analogien auf den letzten unserer Zähne übertragen.

Homöopathie und Heilkunde

Es liegt nahe, dem Pluto-Prinzip ebenfalls ein Metall zuzuordnen. Bei den bereits abgehandelten Prinzipien bereitete das nur wenige Schwierigkeiten. Beim Pluto ließen mich sämtliche Lehrbücher im Stich. Man findet Angaben wie Plutonium, die aber für die alltägliche Praxis wenig hilfreich sind, denn woher bekommt man das potenzierte radioaktive Element? Da es auch beim Uranus nicht gerade das Uran sein mußte, ging ich auf die Suche. Das erwies sich allerdings schwerer als erwartet. Das Blättern und Suchen in homöopathischer Literatur, das nur allzu oft zu funktionalem Repertorisieren verleitet, ergab keine Hilfestellung. Da ich nicht in der Lage bin, an mir Selbstversuche durchzuführen, baute ich auf meine Intuition. Intellektüberlagert führte sie mich zunächst einmal in die Irre. Im Antimon hoffte ich ein plutonisches Element zu finden. Pluto ist ein Querulant, der sich anders verhält als die übrigen Planeten. Antimon verhält sich im Magnetfeld ebenfalls anders als andere Metalle. Daraus glaubte ich eine analoge Querverbindung herstellen zu können. Leider war mir bei allen Patienten, die eine Achter-Problematik aufwiesen, beim Austesten mit der Elektroakupunktur (Vegatest) der „Beweis" nie gelungen.

Einige Woche vor dem Schreiben dieses Kapitels war mir das Glück hold. Würde ein Metall immer wieder bei bestimmten Erscheinungsformen im Weisheitszahngebiet - und die kommen sehr häufig vor - „passen", so wäre der Schluß erlaubt, dieses Metall sei ebenso wie der Achter der Symbolkette des Pluto zugehörig. Eine Patientin hatte im Gebiet des Weisheitszahnes eine deutliche, sogar in Röntgenbildern sichtbare, chronische Kieferostitis. Bei der Frage nach einer bestimmten Therapie griff ich unter anderem zum Mangan.

Auch bei späteren, ähnlich gelagerten Patienten „paßte" Mangan. Im Zusammenhang mit diesem Finden fielen mir die Mangan-Knollen ein, Gebilde tief auf dem Grunde der Meere, die ebenfalls eine archetypische Verwandtschaft zum Pluto-Prinzip aufweisen. Denn, so steht geschrieben, der Hades liegt noch unter dem Meere. Wir können daraus die therapeutische Konsequenz ziehen: Manganum metallicum ist das Begleitmittel bei sämtlichen Störungen im Achter-Gebiet. Wir setzen es als D 8 bei akuten Entzündungen ein. Chronische Prozesse erfordern höhere Potenzierungen bis zu D 30. In Leesers Lehrbuch der Homöopathie fand ich ein Symptom, das die Mangan-Problematik treffend umreißt: Haftenbleiben an Vorstellungen und Werten. Besser kann das Pluto-Prinzip nicht umrissen werden.

Weitere homöopathische Mittel ergaben sich aus dem Verhalten der antiken Griechen beim Opfer an Hades: Sie wandten sich bei der Zwiesprache mit dem Gott der Unterwelt ab. Alles, von dem sich der Mensch abwendet, vor dem er sich ekelt und das ihm zuwider ist, ist plutonischer Natur. Daher fallen Schlangen und Spinnen in die Zuordnung des dunklen Gottes der Unterwelt. In der Elektroakupunktur „passen" daher häufig diese Mittel bei Weisheitszahn-Problemen, z. B. Tarantula cubensis, Aranea diadema, Bothrops lanceolatus und Elaps corallinus.

Kennen wir nunmehr die weisheitszahnverknüpften Symbole, fällt es uns leichter, einem Patienten sein Problem nahe zu bringen und ihm gegebenenfalls zu helfen.

Die hinter Ihnen liegenden Kapitel stellten eine Reise durch das Gebiet der dem Mars und letztlich auch dem Saturn verhafteten Zahnstrukturen dar. Dem kritischen, diesem Themenkreis gegenüber aufgeschlossenen Leser wird wahrscheinlich die folgende Frage auf der Zunge brennen:

Acht Symbole haben wir vor unserem Auge Revue passieren lassen. Damit ist aber das Ensemble der Archetypen noch nicht komplett: Es fehlen noch zwei, nämlich Sonne und Mond. Wo verbergen sich diese beiden Symbole im oralen Bereich? Im Zahngebiet können sie schon aus rein zahlenmäßigen Gründen nicht liegen, denn mehr als acht Zähne hat der Mensch in der Regel nicht zu bieten.

Wo verbergen sie sich also?

Greifen wir noch einmal die Grundpolarität auf, so sind uns die gegensätzlichen Begriffe wie Sonne - Mond, hell - dunkel, Mann - Frau, aktiv - passiv, strahlend - wiederscheinend geläufig. In diese beiden Extreme ist das gesamte System der Zähne eingebettet. Die Mundöffnung stellt symbolisch die Sonne (Helios / Sol) dar. Wie die Planeten das Licht der Sonne reflektieren und damit erst sichtbar werden, erstrahlen die Zähne im einfallenden Licht des geöffneten Mundes. Wird dieses Prinzip überstrapaziert, z. B. bei intensivem Sonnenbaden oder in großer Höhe, so ergeben sich Entzündungen bis zum schmerzhaften Herpes. Und so wie der silbrige, nicht aus sich selbst leuchtende Mond (Selene / Luna) der symbolisierte Gegenpol der Sonne ist, ist der am Zungengrund beginnende Rachenraum ein getreues Spiegelbild dieses Prinzips.

Ein Mensch, dessen lunares Prinzip des Aufnehmens über bühr belastet wird, kann u. a. zu Schwellungen und Affektionen des Rachenraumes neigen. Neben den metallischen Heilmitteln Aurum (Sonne) und Argentum (Mond) kann man interessanterweise zwei Homöopathika einsetzen: Sonnenbestrahltes Wasser bzw. mondbestrahltes Wasser. Das möge als Zusatz genügen, da Sonne und Mond nicht ihre eigenen Repräsentanten im marsischen Reich der Zähne haben.

Wer es sich zur Angewohnheit gemacht hat, die gesamte Welt nur als rein materielles Bild zu sehen, klammert die wichtigsten, weitesten und tiefsten Teile des Lebens aus. Die Gründe mögen vielfältiger Natur sein. Auffällig ist häufig, mit welcher Vehemenz diese Menschen ihr relativ armseliges Weltbild verteidigen und jegliche „Infiltrationen" in ihr Schema abwehren. Die Absicht dieses Buches ist, den Menschen offener für all die Inhalte zu machen, die aus der Welt des Unsichtbaren sich hier im Korporalen „handfest" manifestieren. Daß dabei die Zähne als Beispiel verwendet wurden, ist rein nebensächlicher Natur, ebenso hätte man andere Körperteile als Bezugsorgane nehmen können. Der Vorteil der Zähne ist aber nicht von der Hand zu weisen: Jeder sieht sie bei sich, viele spüren sie recht deutlich und es wird viel an ihnen gearbeitet. Daher ist der symbolische Lern-Effekt unvergleichlich groß, wenn man die Schrift zu lesen versteht.

Die hinter uns liegenden Kapitel sind somit als eine Art Transformations-Brille aufzufassen, die die gewohnte, alltägliche und zugegebenermaßen bequeme Sichtweise in ein etwas nachdenklicheres Be-Schauen umwandeln soll. Die Patienten werden somit in die Lage versetzt, sich nicht mehr als die rein passiv Leidenden zu betrachten, sondern - auch wenn es schwer ist - auf die Suche nach dem hintergründigen Sinn zu gehen. Der Zahnarzt könnte, falls er für diese Bereiche offen ist, jenseits von technischem Know-how und Abrechnungs-Gebühren-Ziffern bei seiner Alltags-Arbeit einen Zugang zu inhaltlichem Denken finden und seinem Zusatz „Arzt" entsprechend den bei ihm Hilfe suchenden Patienten ein psychologischer Ratgeber sein.

Von der anfänglichen Idee bis zur ersten geschriebenen Zeile in Delphi sind ungefähr zwei Jahre verstrichen, bis zur Fertigstellung des Manuskriptes noch einmal eineinhalb Jahre - Zeit zum Nachdenken und Hinterfragen. So möchte ich am Schluß des

Buches allen Kollegen und Patienten danken, die mir als Frage-
steller, als In-Frage-Steller, als Hilfesuchende und als Freunde die
Ideen zu diesem Werk gegeben haben und mir immer klarer werden ließen, daß auch in dem so engen Gebiet der Mundhöhle der
Goethe'sche Satz gilt, der da lautet:

Alles Sichtbare ist nur ein Gleichnis!

Die folgenden Angaben sollen mich nicht als vielbelesenen Autor ausweisen, wie es in manchen Publikationen, deren Literaturangaben häufig umfangreicher als der eigentliche Text sind, üblich ist. Sie sollen vielmehr dem Interessierten über den Inhalt des Buches hinaus Anregungen und Leithilfen für eigene Betrachtungen zu diesem Thema sein.

1. Döbereiner, W. *Astrologisch-homöopathische Erfahrungsbilder Band 1,* Hugendubel 1988

2. Huipers, J. *Gesund sein mit Metallen* Aurum Verlag 1981

3. Kerenyi, Karl *Die Mythologie der Griechen* DTV 1981

4. Klein, N. und Dahlke, R. *Das Senkrechte Weltbild* Hugendubel 1986

5. Klingholz, Reiner *Marathon im All* Westermann 1989

6. Lessing, E. *Die griechischen Sagen* Bertelsmann 1985

7. Parker, D. u. J. *Astrologie; Ursprung, Geschichte, Symbolik* Heyne TB 1984

8. Volkmer, Dietrich *Jenseits der Molaren* Energetik-Verlag 1988

9. *Der Weltraum, Die Originalfotografien der NASA,* Deutsches Architekturmuseum Frankfurt 1988

10. *Die griechische Sagenwelt, Sammlung* Dietrich Carl Schinemann Verlag Bremen 1988